사천만이 좋아하는 술자리 게임

언제까지 어깨춤을 추게 할 거야

사천만이 좋아하는 술자리 게임

"언제까지 어깨춤을 추게 할 거야"

글 파란정원콘텐츠연구소
그림 한날

새.를.기.다.리.는.숲

머/리/말

달리고, 달리고~ 살리고, 살리고~
술자리 게임을 부탁해!

　술에는 마법이 있는 거 같아요. 처음 만난 사람이라도 술잔이 오가다 보면 금세 친해지잖아요. 술은 기분이 좋아지기 위해 마시는 것이고, 위로가 되기 위해 마시는 거예요. 그래서 어떤 이유에서든 술자리는 즐거워야 해요.
　우리에게는 술자리 기회가 참 많아요. 대학 신입생이라면 신입생 환영회가 있고요, 이어서 개강 파티 등 선후배, 동기들과 술자리를 참 많이 해요. 만약 사회 초년생이라면 신입사원 환영회를 시작으로 직장인 모드의 술자리가 이어질 거예요.
　날이 좋아서, 비가 와서, 기분이 좋아서, 하는 일이 잘 돼서, 하는 일이 안 돼서, 칭찬을 받아서, 속상해서, 친구가 좋아서, 그냥 술이 좋아서 등 술자리 이유는 무궁무진하지요.
　기분 좋은 술자리를 위해 주의할 점이 있어요. 바로 자기 주량껏 술을 마셔야 한다는 거예요. 해롱해롱 세상이 돌고 인사불성이 될 때까지 마시면 자신뿐만 아니라 술자리에 있는 모든 사람의 기분까지 엉망이 돼요. 화기애애한 술자리가 화기 애매해지면 큰일이잖아요. 기분 좋은 정도로만 마셔 항상 같이 술자리 하고 싶은 사람이 되길 바라요.
　재미있는 술자리를 위해 빠질 수 없는 게 뭔지 아세요? 바로 게

임이에요. 순식간에 분위기를 살려 주고, 사람들과의 친밀도를 높여 주어 시대를 불문하고 꾸준히 인기가 있는 술자리 필수 아이템이지요.

 그렇다면 술자리 게임, 얼마나 알고 있나요? 게임이라고 다 같은 게임이 아니에요. 처음 만난 사이의 어색함을 풀어 주기 위한 게임, 두뇌 회전을 해야 하는 게임, 빠른 눈치가 필요한 게임, 단합을 위한 게임 등 술자리 게임은 무궁무진하고, 많이 알고 있어야 살아남을 수 있어요.

 왜 술자리 게임이라고 하는 줄 아세요? 벌칙으로 술을 마셔야 하기 때문이에요. 그것도 원샷으로. 많이 걸릴수록 술을 많이 마시게 되고, 취하면 또 벌칙에 걸려 벌주의 늪에서 헤어 나오지 못할 수도 있어요. 술자리 게임의 구멍으로 등극하는 것도 남의 일이 아니겠죠.

 모두가 함께하는 술자리 게임. 게임을 못해서, 술이 약해서 나만 빠질 수 없잖아요. 그럴 때를 대비해 술자리 게임을 미리 알고 있다면, 벌주를 피할 수 있어요.

 《언제까지 어깨춤을 추게 할 거야》에는 술자리 초반, 중반, 후반 분위기에 따른 고전 게임부터 신종 게임까지, 요즘 가장 많이 하는 술자리 게임을 모아 두었어요. 미리 연습하고 익혀두어 술자리 인기인이 되어 보세요.

 게임의 구멍이 아니라 게임의 왕이 될 수 있는 방법, 그리 어려운 게 아니에요. 사천만이 좋아하는 술자리 게임으로 더욱 재미있는 술자리, 더욱 즐거운 술자리를 만들어 보세요.

차/례

슬슬 시작해 볼까? -술자리 초반 게임-

01 배스킨라빈스 31 •14
　눈치 게임 •17

02 이미지 게임 •18
　손병호 게임 •21

03 출석부 게임 •22

04 숫자를 한글로 말하기 게임 •25

05 이름 쌓기 게임 •28
　이름 외우자 게임 •31

06 더 게임 오브 데스 게임 •32
　간다 간다 뽕 간다 게임 •35

07 아이 엠 그라운드 게임 •36
　프라이팬 놀이 게임 •39

08 지하철 게임 •40

09 업 앤 다운 게임 •43

10 나는 가수다 게임 •46
　레코드판 게임 •49

11 왕 게임 •50
　영의정 게임 •53

12 병뚜껑 꼬리 날리기 게임 •54
　병뚜껑 돌리기 게임 •57

13 숟가락 가위바위보 게임 •58
　숟가락 뒤집기 게임 •61

14 수박 게임 •62

15 거꾸로 게임 •65

16 응답하라 게임 •68

17 핸드폰 알람 게임 •71

18 번데기 게임 •73
　김삿갓 게임 •77

19 개구리 연못에 퐁당 게임 •78
　업그레이드 개구리 연못에 퐁당 게임 •81

20 구구단을 외자 게임 •82

술자리, 피할 수 없으면 즐겨라!
　술자리 게임에서 살아남는 법 •85

달리자, 달려! -술자리 중반 게임-

- 01 훈민정음 게임 •88
- 02 만두 게임 •91
- 03 경마 게임 •94
- 04 전국 노래자랑 게임 •97
- 05 바니 바니 게임 •100
- 06 잔치기 게임 •103
- 07 딸기 게임 •106
  업그레이드 딸기 게임 •109
- 08 3·6·9 게임 •110
  떡 게임 •113
- 09 007빵 게임 •114
  침묵의 007빵 게임 •117
- 10 곰 발바닥 게임 •118
- 11 디비 디비 딥 게임 •121
- 12 쥐를 잡자 찍찍찍 게임 •124
- 13 생감자로 만든 포테이토 칩 게임 •127
- 14 내 윙크를 받아라 게임 •130
  윙크 게임 •133
- 15 이중 모션 게임 •134
- 16 시장에 가면 게임 •137
- 17 홍삼 게임 •140
- 18 메칸더 게임 •143
- 19 호빵·찐빵·대빵 게임 •146
- 20 바보 게임 •149
- 21 총·칼·폭탄 게임 •152
- 22 퐁당퐁당 돌을 던지자 게임 •155
- 23 오렌지 방귀는 누가 꼈나 게임 •158
  똥 쌌다 게임 •161
- 24 두부 게임 •162
- 25 아기 돼지 새끼 돼지 게임 •165
- 26 야 인마 너 게임 •168
  헷갈려 게임 •171
- 27 사랑해 꺼져 게임 •172
  사랑해 병신 게임 •175
- 28 산토끼 게임 •176
  산토끼 깡충 게임 •179
- 29 뱀 사 안 사 게임 •180
  우리는 연인, 뱀 사 안 사 게임 •183
- 30 고·백·점프 게임 •184

술자리, 피할 수 없으면 즐겨라!
알고 가면 피가 되고 살이 되는
술자리 생존 방법 •187

정리, 정리합시다! -술자리 후반 게임-

01 웃지 않기 게임 •190
　　할머니 게임 •193
02 타이타닉 게임 •194
03 공동묘지 게임 •197
04 시체 게임 •200
05 혼자 왔어요 게임 •203
06 올인 게임 •206
　　이순신 게임 •209
07 아파트 게임 •210
08 어려운 단어 이어 말하기 게임 •213
09 의리 게임 •216
　　우정 게임 •219
10 빵상 게임 •220
11 인간 제로 게임 •223

12 야근 & 퇴근 게임 •226
　　야근할 사람 야근하고 퇴근할 사람
　　퇴근하게 게임 •229
13 동물 농장 게임 •230
14 해보기 게임 •233
15 공산당 게임 •236
　　전갈 게임 •239
16 병뚜껑 쌓기 게임 •240
17 절대 음감 게임 •243
18 무조건 먹기 게임 •246
19 핑거스 게임 •249
20 산 넘어 산 게임 •252

술자리, 피할 수 없으면 즐겨라!
**술자리를 더욱 술자리답게
앗싸! 술자리** •254

부록　술자리 예절 Vol. 1　지킬 건 지키자 •256
　　　　술자리 예절 Vol. 2　이런 모습만은 안 돼요! •258
　　　　술자리를 빛낼 건배사 •260

게임 룰 일러두기

- 게임 진행 방향을 오른쪽으로 할지, 왼쪽으로 할지 게임 전에 상의해서 결정하세요. 보통은 시계 방향으로 진행돼요.
- 하나 더, 게임을 하다 보면 네 박자 율동이 있어요. 무릎 치기 + 손뼉치기 + 왼손 따봉 + 오른손 따봉, 바로 이 율동이요. 여기서도 오른손이 먼저이든 왼손이 먼저이든 상관없어요. 내가 편한 대로 하면 돼요.

슬슬 달려 볼까?
-술자리 초반 게임-

배스킨라빈스 31~ 귀엽고 깜찍하게~ 써리원~!

귀엽고~

깜찍하게~

1, 2
3, 4, 5
6, 7, 8
9
10, 11
12, 13, 14
15
16, 17
18, 19, 20
21, 22, 23
24, 25, 26
27
28, 29
30~~

3… 1…
내가 걸리다니……

뭔가 아주 설계 당한 느낌이다.

원래 먹자고 한 사람이 사 오게 되더라.

게임 방법

❶ 다 함께 "배스킨라빈스 써리원! 귀엽고~ 깜찍하게~ 써리원!"이라고 외치며 게임을 시작한다.
❷ 술래부터 진행 방향대로 한 사람씩 숫자를 1~3개씩 말하고, 차례를 넘긴다.
❸ 마지막 숫자 '31'을 말하는 사람이 벌칙 당첨.

게임 Tip

✓ 최대한 '귀엽고, 깜찍하게' 배스킨라빈스 하기. '귀엽고 깜찍하게'를 제대로 이행하지 않으면 벌칙에 걸리므로, 다양한 표정과 액션으로 숫자를 외친다.
✓ '섹시하게, 웃기게, 시크하게, 우아하게' 등 다양한 수식어를 넣으면 더욱 게임이 재미있다.
✓ 게임에 익숙해지면 앞사람이 외친 숫자 개수와 중복되면 벌칙에 걸리는 룰을 추가하는 것도 좋다.

벌칙에 걸리지 않으려면?

- 모종의 합의로 콕 집어 벌칙자를 정할 수 있는 게임인 만큼 배신은 곧 벌칙이다. 새가슴이라면 두말 말고 다수의 의견에 따르도록.

같은 듯 다른 게임

배스킨라빈스 31 게임과 같은 방법으로, 정해진 숫자(술래가 마음대로 정하기)를 마지막에 외치거나 같은 숫자를 동시에 말하는 사람이 벌칙. 이때 진행 순서에 상관없이 숫자를 부른다.

게임 방법

1. 게임 참가자들은 모두 다섯 손가락을 펴고 게임을 시작한다.
2. 술래는 "안경 쓴 사람, (손가락) 접어."처럼 특징을 말하고, 이에 해당하는 사람은 손가락을 하나씩 접는다.
3. 같은 방식으로 돌아가면서 특징을 말한다.
4. 손가락을 다 접은 사람이 나오면 게임 끝, 벌칙 시작!

게임 Tip

✓ 짓궂은 질문을 던질수록 게임이 더욱 재미있는 건 당연한 말씀. '변비가 가장 심할 거 같은 사람, 매번 차일 것 같은 사람, 쳐다만 봐도 불쌍한 사람'처럼 재미있는 질문이나 '나보다 잘생긴 사람, 나보다 인간성 좋은 사람' 등 뻔뻔한 질문을 던지면 더욱 흥미진진하다.

벌칙에 걸리지 않으려면?

- 참가자들의 손가락이 1~2개 정도 비슷하게 남았을 때 "남자, 접어." 혹은 "여자, 접어."처럼 많은 사람이 걸릴 수 있는 질문을 던지면 내가 걸릴 확률이 낮아진다.
- 게임이 시작되기 바로 직전 주변 사람들을 살펴 나만의 특징을 모두 제거한다. 안경이나 모자 벗기 등처럼 나만 가진 특징을 지운다.

같은 듯 다른 게임

TV 프로그램에서 연예인 손병호가 했다고 해서 이름 붙여진 손병호 게임. 게임 방법은 이미지 게임과 같다.

03 출석부 게임

게임 방법

❶ 다 함께 "출석부~ 출석부~ 출석부!" 노래를 부른다.
❷ 술래는 노래가 끝나는 동시에 손가락으로 한 사람을 지목하며 그 사람이 아닌 다른 사람의 이름을 부른다. 즉, 박 모 씨를 지목하고 정 모 씨 이름을 댄다.
❸ 이름이 불린 사람은 "네!" 하고 대답을 한다. 그런 다음 앞사람과 같은 방식으로 이 모 씨를 지목하고 김 모 씨 이름을 댄다.
❹ 이름이 불린 사람이 대답하지 않거나, 손가락으로 지목된 사람이 대답을 하면 벌칙 당첨.

 게임 Tip

✓ 처음 만나 분위기가 어색할 때 하면 친밀도도 높이고, 자연스럽게 이름도 알 수 있다.

 벌칙에 걸리지 않으려면?

- 지목당한 사람이 아니라 이름이 불린 사람이 대답해야 하는 게임이므로 정신 똑바로 차린다.
- 언제 게임이 시작될지 모르니 술자리에 있는 사람들의 이름을 미리 알아 둔다.

04 숫자를 한글로 말하기 게임

게임 방법

❶ 술래를 시작으로 게임 진행 방향대로 한 명씩 돌아가면서 숫자를 한 글로 말한다. '하→나→둘→셋→넷→다→섯→여→섯→일→곱······.' 이렇게 한 글자씩 말한다.
❷ 버벅대거나 숫자를 잘못 말하거나 글자 수가 틀리면 벌칙 당첨.
❸ 게임에 익숙해지면 두 글자나 세 글자로 늘려서 진행한다. '하나→둘셋→넷다→섯여→섯일, 또는 하나둘→셋넷다→섯여섯→일곱여······.' 글자 수를 늘린다.

게임 Tip

✓ 천천히 하면 이미 머릿속으로 계산이 되어 벌칙에 걸리는 확률이 낮다. 속도를 올려 빠르게 긴장감을 조성하면서 게임을 해야 재미있다.
✓ 숫자 말하는 방법을 미리 정해놓는다. 특히 '다섯, 여섯'은 '다, 여'로 줄여서 이야기할 수도 있으니, '다섯, 여섯'으로 할지 '다, 여'로 할지 정한다. 그렇지 않으면 서로 의견이 달라 화기애애한 분위기가 화기애매해질 수 있다.

벌칙에 걸리지 않으려면?

- 헷갈리기 쉬운 숫자 게임이므로 정신 똑바로 차린다.

게임 방법

❶ 본격적인 게임을 시작하기 전에 게임을 하는 사람들 모두 "내 이름은 ○○."라며 자신의 이름을 소개한다.
❷ 게임이 시작되고 술래가 "내 이름은 모네."라고 자기 이름을 말하면, 다음 사람은 앞사람의 이름을 외친 후 자신의 이름, "모네 옆에 쎄쎄."를 말한다.
❸ 게임이 진행될수록 외쳐야 할 이름의 수는 많아진다. "모네 옆에 쎄쎄", "모네 옆에 쎄쎄 옆에 뽀기" 이렇게 이름이 쌓이게 된다.
❹ 이름의 순서를 잘못 이야기하거나 머뭇거리면 바로 벌칙 당첨.

 게임 Tip

✓ 이름을 잘 모르거나 어색한 사이에 친해지기 좋은 게임이다.
✓ 게임을 하는 사람이 많아 외워야 할 이름이 많을수록 게임은 더욱 재미있다.

 벌칙에 걸리지 않으려면?

- 술자리에 함께 있는 사람들의 이름을 잘 알고 있는 게 좋다. 게임을 즐기는 술자리라면 처음 본 사람들의 이름을 미리 알아두면 벌칙에 덜 걸릴 수 있고, 내가 먼저 게임을 제안할 수도 있다.

같은 듯 다른 게임

술자리에 있는 사람들 모두 자기 이름을 말하고 나면, 술래는 자기 이름을 말한 후 진행 방향의 이전 사람 이름과 함께 공격할 사람의 이름을 말한다.

06 더 게임 오브 데스 게임

게임 방법

❶ 다 함께 주먹 쥔 양팔을 가슴 옆에 붙이고는 날갯짓을 하듯 팔딱거리며 "신난다~ 재미난다~ 더 게임 오브 데스!" 노래를 부른다.
❷ 노래가 끝나는 동시에 술래는 무작위로 숫자를 외치고, 나머지 사람들은 자신 이외의 다른 사람을 지목한다.
❸ 술래부터 시작하여 지목한 손가락 방향을 따라가다 술래가 외친 숫자에 해당하는 사람이 벌칙을 받는다.

게임 Tip

✓ 큰 숫자를 부르면 숫자를 세다가 날이 샐 수 있으므로 10 이하의 숫자를 부른다.
✓ 운이 실력인 게임이므로 게임에 자신 없는 사람에게 안성맞춤.
✓ 다른 사람들보다 박자가 늦게 지목해도 벌칙을 받도록 한다.

 벌칙에 걸리지 않으려면?

- 두 명이 서로를 지목하면 벌칙에 걸릴 가능성이 높기 때문에 나를 지목할 거 같은 사람은 피한다.
- 만약 서로가 가리킬 경우 내가 걸리지 않기 위해서는 홀수를 부른다.

같은 듯 다른 게임

더 게임 오브 데스와 같은 게임으로, "신난다~ 재미난다~ 더 게임 오브 데스!" 대신 "간다, 간다, 뿅 간다!"를 외치며 게임을 시작한다.

07 아이 엠 그라운드 게임

따봉 할 때 오른손, 왼손 순서는 상관없어요.

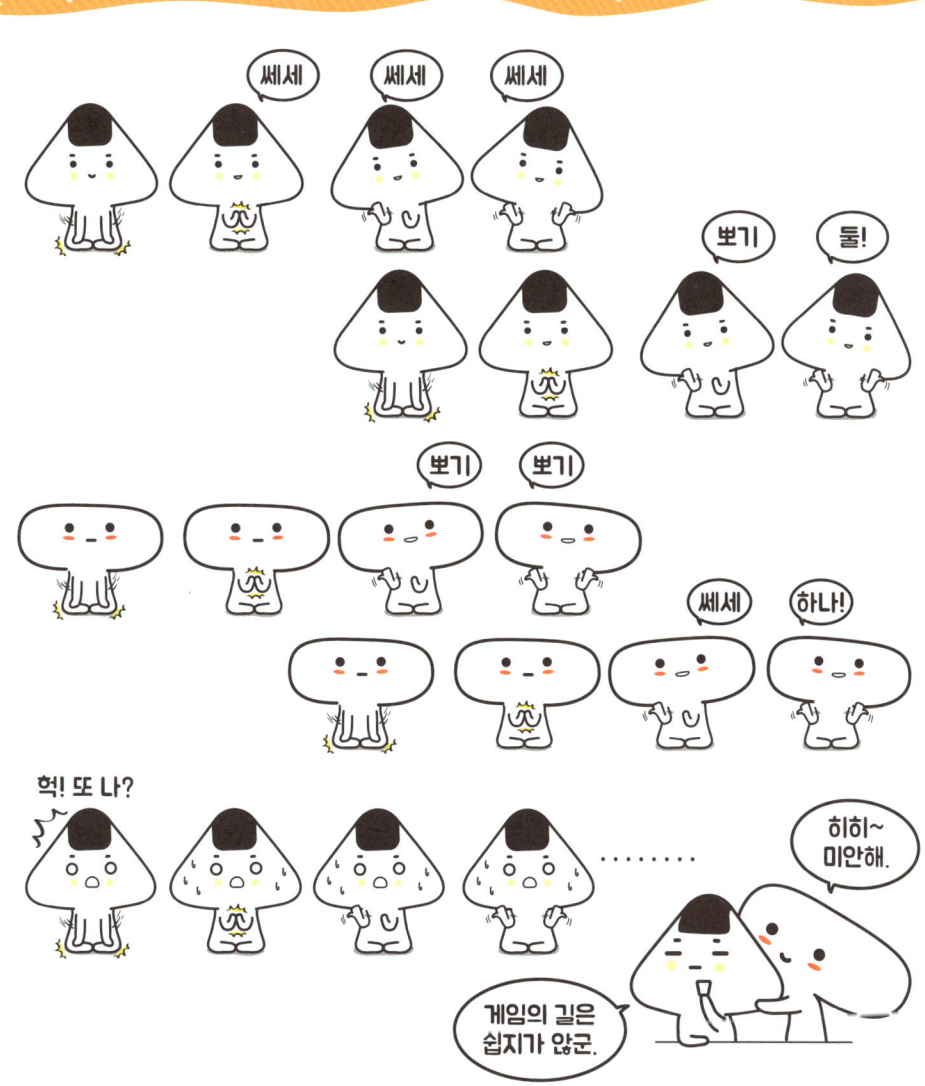

게임 방법

❶ '무릎 치기+손뼉치기+오른손 따봉+왼손 따봉' 율동에 맞춰 "아이 엠 그라운드~ 자기소개 하기!" 노래하며 분위기를 예열한다.
❷ 술래는 세 번째 동작에서 공격할 사람의 이름을 부르고, 마지막 동작에서 숫자(무릎+손뼉+오른손 따봉, 재은+왼손 따봉, 셋)를 말한다.
❸ 이름이 불린 사람은 박자에 맞춰 자신의 이름을 말하고, 다음 율동에서 다른 사람의 이름과 숫자(무릎+손뼉, 재은+오른손 따봉, 재은+왼손 따봉, 재은, 무릎+손뼉+오른손 따봉, 지연+왼손 따봉, 둘)를 말한다.
❹ 박자를 놓치거나 버벅대는 즉시 바로 벌칙 당첨.

 게임 Tip

✓ 사람이 많을수록 더욱 재미있다.
✓ 어색한 분위기에 서로의 이름을 기억하기 아주 좋은 게임.
✓ 따봉 할 때 오른손, 왼손 순서는 상관없다.

벌칙에 걸리지 않으려면?

- 언제 게임을 할지 모르니 미리 술자리에 함께 있는 사람들의 이름을 재빠르게, 정확히 암기한다.

같은 듯 다른 게임

"팅~ 팅팅팅팅, 탱~ 탱탱탱탱, 팅팅 탱탱 프라이팬 놀이!" 노래를 하며 아이 엠 그라운드 게임과 같은 율동으로 게임을 한다.

08 지하철 게임

게임 방법

❶ 가위바위보를 통해 게임을 시작할 술래 정하고, 술래는 게임을 할 지하철 노선을 선택한다.
❷ "지하철, 지하철, 덜컹덜컹 지하철!" 노래를 부르며, 한 사람씩 술래가 외친 지하철 노선에 해당하는 역 이름을 말한다. 이때 역 순서는 상관없다. 같은 노선에 있는 역 이름이면 오케이.
❸ 앞사람이 환승역을 외쳤다면 다음 사람은 노선을 바꿔도 된다. 예를 들어 3호선으로 게임을 하는데, '압구정-안국-종로3가'를 외쳤다면 종로3가가 환승역이기 때문에 다음 사람은 1호선이든 5호선이든 노선을 바꿔 역 이름을 말한다.
❹ 앞서 나온 역 이름을 대거나, 늦게 말하거나, 바뀐 역 이름을 잘못 말하면 벌칙 당첨.

 게임 Tip

✓ 더욱 재미있게 게임을 하고 싶다면 핸드폰에 '30초, 1분'처럼 알람을 맞춰 놓는다. 게임을 하다 자기 순서에 핸드폰 알람이 울리면 그 사람이 벌칙을 받는다.

 벌칙에 걸리지 않으려면?

- 후반부로 갈수록 아는 역이 다 나올 수 있으므로 가능한 한 빨리한다.
- 간혹 역 이름이 바뀐 곳도 있으니 미리 알아두는 것이 좋다.

게임 방법

❶ 술래는 재빨리 소주 뚜껑을 따 다른 사람들 몰래 조용히 병뚜껑 속의 숫자를 확인한다.
❷ 술래를 제외한 사람들은 돌아가면서 병뚜껑 속에 있지 않을 것 같은 숫자를 부른다.
❸ 불린 숫자가 병뚜껑 속 숫자보다 작으면 술래는 "다운"을 외치고, 불린 숫자가 병뚜껑 속 숫자보다 높으면 "업"을 외치며 숫자의 범위를 줄여간다.
❹ 병뚜껑 속 숫자를 맞추는 사람이 벌칙 당첨.

게임 Tip

✓ 병뚜껑 속의 숫자는 보통 0~50까지의 숫자 중 하나.
✓ 병뚜껑 속의 숫자를 맞히는 것이 아니라 피하는 것이 포인트.
✓ 게임 한 판이 오래 진행되면 지루하다. 5번 혹은 10번 안에 벌칙자가 나오지 않으면 술래가 벌칙을 받는 것으로 룰을 만들면 술래도 마음을 놓을 수 없어 게임이 더욱 흥미진진하다.

벌칙에 걸리지 않으려면?

- 병뚜껑 속의 숫자를 보는 사람은 벌릴 일 없다.

게임 방법

① 술래는 술병에 숟가락을 꽂아 마이크를 만들어 자신이 좋아하는 노래를 한 소절 부른다.
② 노래를 들은 사람들이 "통과!"를 외치면 숟가락 마이크를 다음 사람에게 넘긴다.
③ 마이크를 넘겨받은 사람은 새로운 노래를 부른다. 사람들의 인정을 받으면 옆 사람에게 숟가락 마이크를 넘긴다.
④ 만약 노래를 불렀는데 야유를 받으면 벌칙을 받는다.
⑤ 노래가 바로 나오지 않거나, 듣는 사람이 어떤 노래인지 몰라 통과를 받지 못하면 벌칙 당첨.

게임 Tip

✓ 술자리 초반, 노래를 불러 분위기를 부드럽게 만들 수 있다.
✓ 혼자만 아는 노래를 부르거나 술자리 분위기를 가라앉히는 노래를 불러도 벌칙을 받고, 노래를 너무 길게 불러도 벌칙을 받는다.
✓ 가사가 틀리거나 음정, 박자가 맞지 않아도 벌칙을 받는 건 당연한 말씀.

벌칙에 걸리지 않으려면?

- 다른 사람의 호응을 받지 못하면 벌칙을 받게 되므로, 노래 실력이 부족하더라도 모두가 잘 아는, 신나는 노래를 불러 호응을 유도하고 분위기를 띄우면 슬쩍 벌칙을 피할 수 있다.

같은 듯 다른 게임

나는 가수다 게임이 각기 다른 가수의 노래를 부르는 게임이라면 레코드판 게임은 한 가수의 다른 노래를 부르는 게임이다.

11 왕 게임 👑

게임 방법

❶ 술자리에 있는 사람들의 인원수만큼 종이쪽지를 준비한다.
❷ 한 장의 쪽지에만 '왕'을 적고, 나머지 종이에는 인원수만큼 숫자를 적는다. 만약 5명이 있다면 숫자는 1~4까지 적고, 나머지 한 장에만 '왕'을 적는다.
❸ "하나, 둘, 셋!"을 외치고는 동시에 쪽지를 뽑는다. '왕'을 뽑은 사람은 자신이 왕임을 공개하지만, 숫자를 뽑은 사람들은 숫자를 공개하지 않는다.
❹ '왕'은 무작위로 숫자를 불러 원하는 명령을 내린다. "3번은 잔에 있는 술 마시기", "1번은 3번을 업고 한 바퀴 돌기" 등처럼 마음대로 명령한다.
❺ '왕'의 명령을 제대로 수행하지 못하거나 거부하면 벌주 벌컥.

게임 Tip

✔ 술자리에 종이가 없다면 나무젓가락을 이용해도 된다.
✔ '왕'의 명령은 곧 술자리 분위기이다. 눈살 찌푸리는 명령이 아니라 재미있고 센스 있는 명령을 내려 술자리 분위기를 제대로 업 시키자.

같은 듯 다른 게임

왕 게임에 영의정이 추가된 게임. 영의정은 왕의 명령이 마음에 안 들면 "전하, 아니 되옵니다." 하며 명령을 방해한다. 그럼 왕은 영의정의 의견을 따를지 자신의 명령을 그대로 진행할지 결정한다.

12 병뚜껑 꼬리 날리기 게임

병뚜껑이 꽤 모였네~.

휙 휙 휙

좋았어. 잠이 확 깨도록 병뚜껑 꼬리 날리기 게임 하자.

4

병뚜껑 꼬리 떨어뜨린 사람이 걸리는 거야.

좋아~.

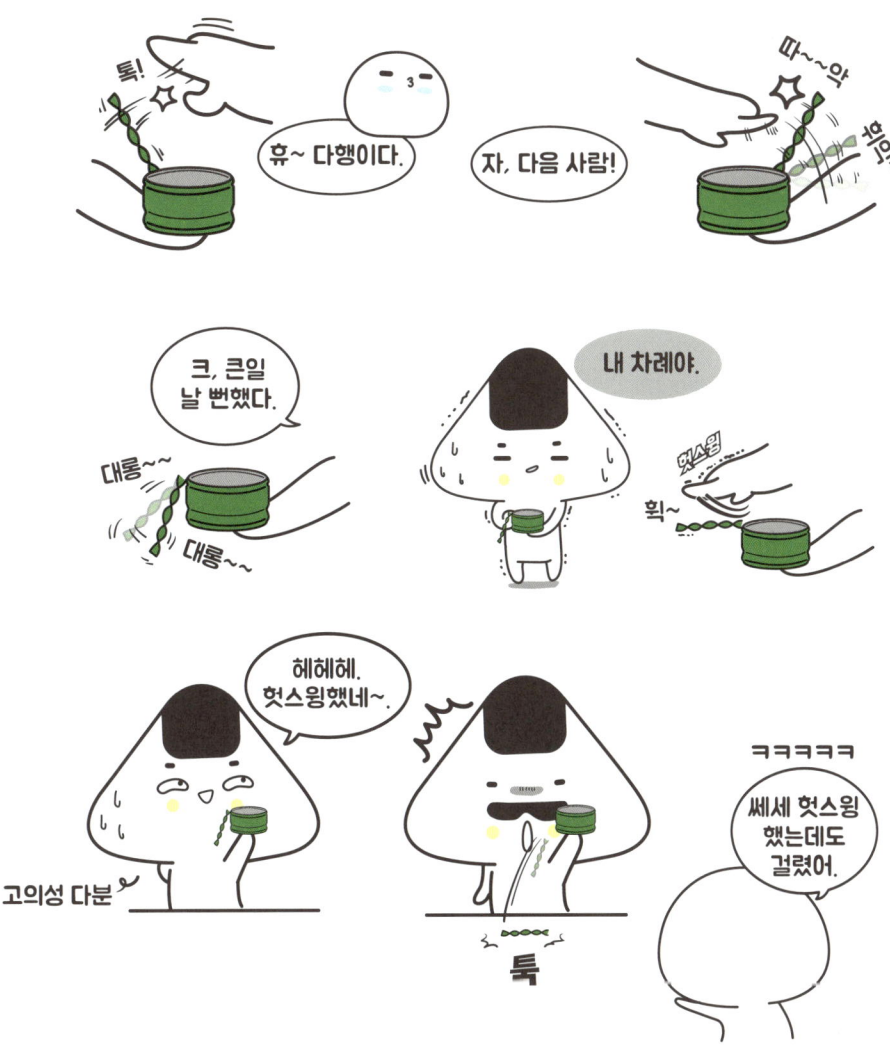

게임 방법

❶ 소주병 뚜껑의 꼬리 부분을 사정없이 비비 꼬아 일명 황비홍 머리처럼 만들어 일직선으로 세운다.
❷ 술래를 시작으로 한 사람씩 돌아가면서 병뚜껑 꼬리 부분을 딱밤 때리듯 친다.
❸ 병뚜껑 꼬리를 툭 떨어트리는 사람이 벌칙 당첨.

게임 Tip

✓ 초반에는 잘 떨어지지 않으므로 힘껏 때려도 된다.
✓ 게임에 익숙해지면 룰을 살짝 바꾼다. 병뚜껑 꼬리를 떨어트리는 당사자가 아니라 양옆 사람이 벌칙을 받거나, 병뚜껑 꼬리를 떨어트린 사람과 함께 떨어진 병뚜껑 꼬리 가까이에 있는 사람도 함께 벌칙을 받아도 재미있다.

벌칙에 걸리지 않으려면?

- 내 차례에서 병뚜껑 꼬리가 떨어질 것 같으면 아주 살~짝 건드리는 흉내 정도로만 힘을 준다.
- 내 양옆 사람이 걸리는 게임이라면 병뚜껑과 병뚜껑 꼬리 부분이 만나는 부분을 집중하여 공략하면 쉽게 떨어진다.

같은 듯 다른 게임

황비홍 머리처럼 꼬아진 병뚜껑 꼬리 부분을 딱밤 때리듯 손가락으로 튕겨 병뚜껑 꼬리가 가리키는 사람이 벌칙 당첨.

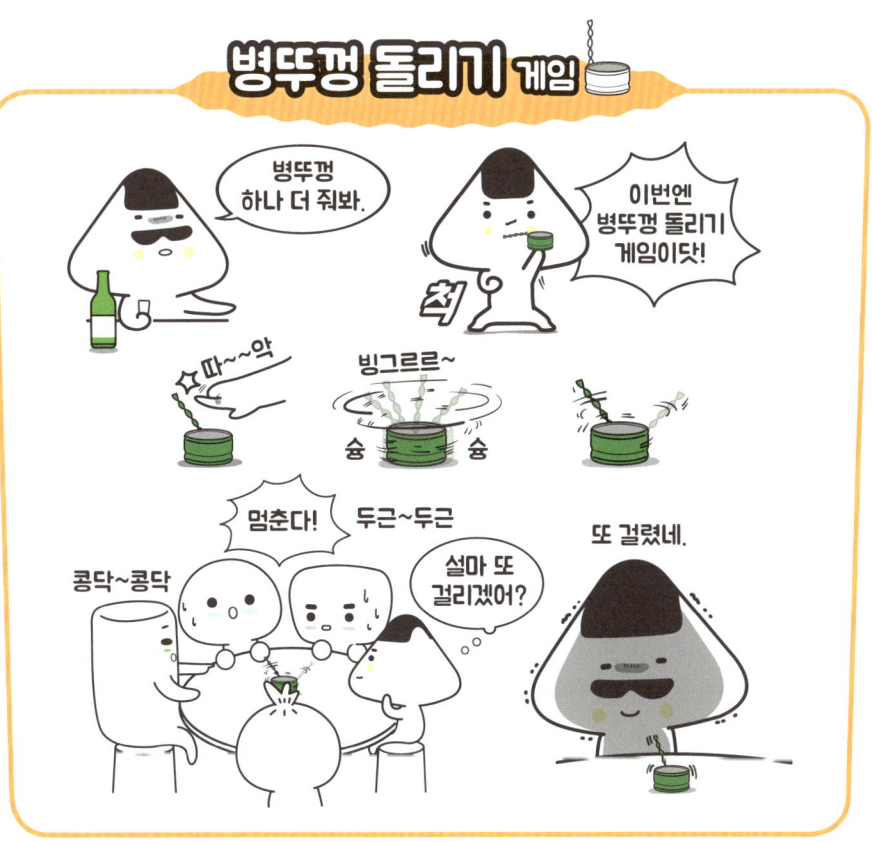

13. 숟가락 가위바위보 게임

"홍합탕아~ 빨리 익어라."

"익어라! 익어라!"

"다 끓어 가는데 그 전에 게임 한판 하자."

숟가락 가위바위보 게임!

숟가락 모으시고~

가위바위보!

ㅋㅋ 진 사람 숟가락 뒤집으시고~

휙~ 뽝~

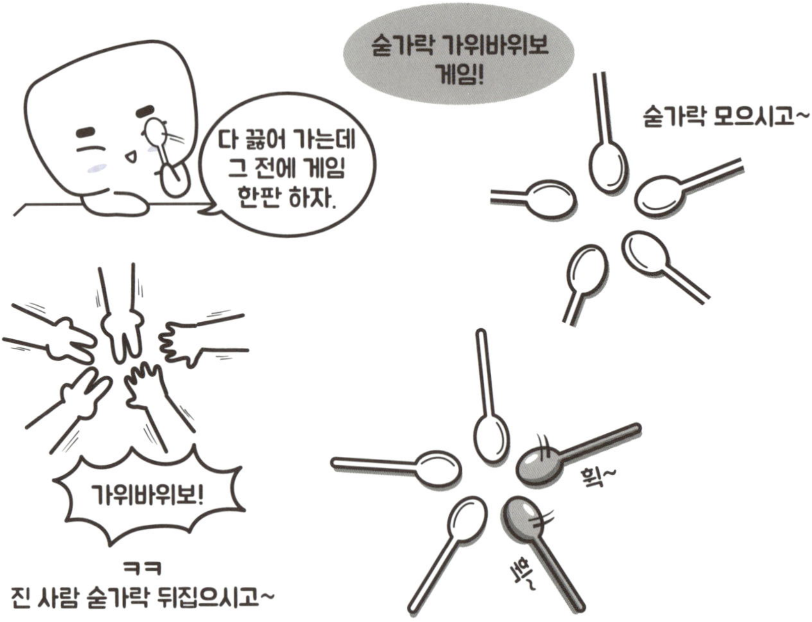

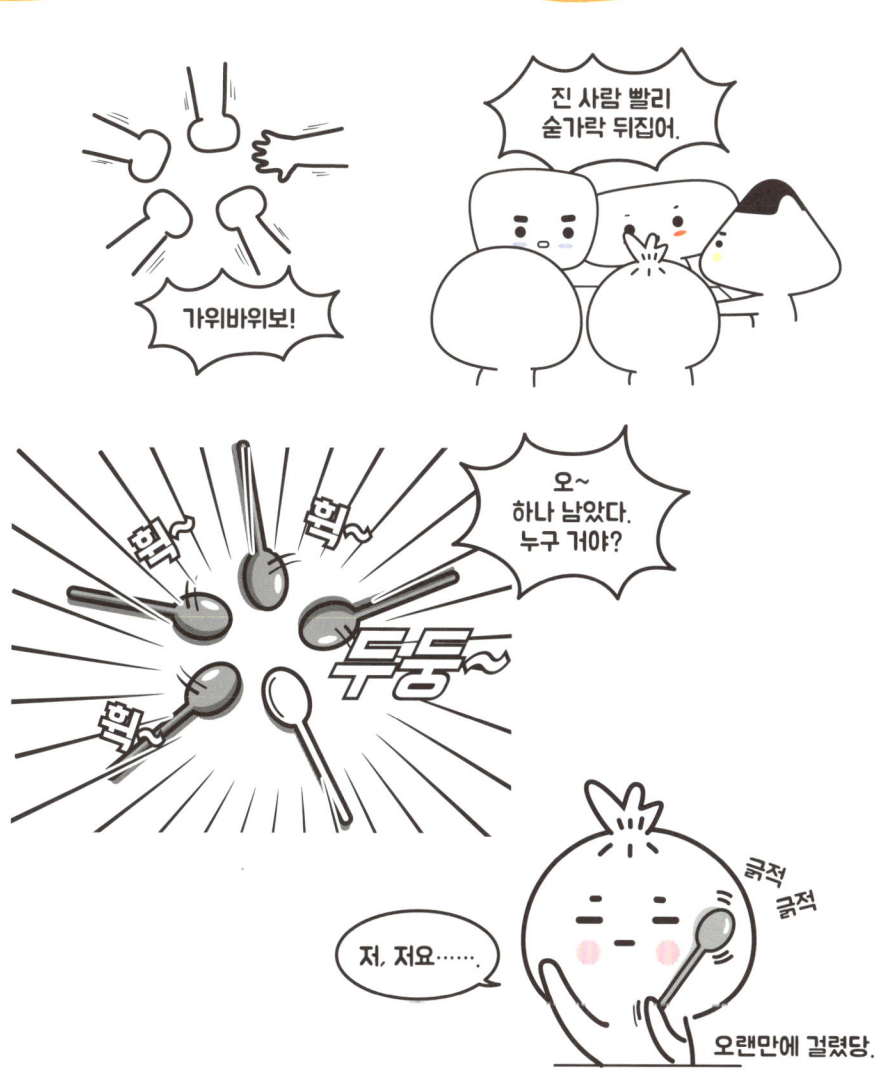

게임 방법

❶ 술자리에 모인 사람들 모두 숟가락 머리가 위쪽을 향하고 손잡이가 자신을 향하도록 술자리 가운데로 숟가락을 모은다.
❷ 가위바위보를 해서 진 사람은 숟가락을 뒤집는다.
❸ 숟가락 방향이 다른 한 사람이 나올 때까지 가위바위보를 계속한다.
❹ 혼자만 숟가락 방향이 다르다면 조용히 벌칙 주를 마신다.

게임 Tip

✓ 사람이 너무 많으면 벌칙자가 나올 때까지 많은 시간이 소요되어 지루해진다. 5~10명 정도의 적당한 인원으로 게임을 한다.
✓ 숟가락이 없다면 앞뒤 구분이 되는 물건이면 무엇이든 가능.

벌칙에 걸리지 않으려면?

- 가위바위보를 잘한다고 해서 벌칙에 안 걸리는 것이 아니라, 숟가락 방향에 따라 벌칙자가 정해지므로 숟가락 방향을 보고 일부러 지는 전략도 필요하다.

같은 듯 다른 게임

"하나, 둘, 셋!" 하는 동시에 모두 숟가락을 뒤집어 같은 숟가락 방향이 적은 사람들이 벌칙 당첨.

게임 방법

❶ "수박을 먹자, 수박을 먹자. 냠냠냠!" 노래를 부르며 수박을 먹는 모습으로 게임을 준비한다.
❷ 노래가 끝나면 술래는 "쓰읍!" 하며 입을 닦는 행동을 한다. 이때 왼쪽으로 닦으면 왼쪽 사람이, 오른쪽으로 닦으면 오른쪽 사람이, 위를 향해 닦으면 게임 진행 방향의 다다음 사람이 공격을 받는다.
❸ 공격을 받은 사람 역시 "쓰읍!" 하며 입을 닦는 방향으로 다음 주자를 지목한다.
❹ 자신의 공격을 알아채지 못하거나 박자를 놓치면 벌칙을 받는다.

게임 Tip

✓ 살짝 룰을 바꿔 입을 닦는 방향이 아닌 입을 닦는 손, 즉 왼손으로 닦으면 왼쪽 사람, 오른손으로 닦으면 오른쪽 사람을 지목하는 것으로 적용해도 재미있다.

벌칙에 걸리지 않으려면?

- 게임이 진행하다 보면 행동이 작아지면서 방향이 헷갈리게 된다. 어느 쪽으로 닦는지, 어느 손으로 닦는지 작은 행동도 집중해서 유심히 보자.

15 거꾸로 게임 로꾸거

다들 초반부터 술 안 마시고 빼고 있네?

버럭

그렇다면 어려운 게임을 해야겠군.

히히

이름하여 거꾸로 게임!

헉뜨~ 어려운 게임이닷!

쿵쿵 따리~ 쿵쿵 따~

쿵쿵 따리~ 궁궁 따~

게임 방법

1. "쿵쿵 따리~ 쿵쿵 따! 쿵쿵 따리~ 쿵쿵 따!" 노래를 불러 게임을 준비한다.
2. 술래는 게임을 시작할 단어를 외친다.
3. 다음 사람은 술래가 말한 단어를 거꾸로 말한 다음, 자신이 선택한 단어를 말한다. 단어 사이에는 다 함께 "쿵쿵 따!"를 넣는다. 예를 들어 술래가 "고드름!"이라고 외쳤다면, 두 번째 주자는 "름드고-쿵쿵 따(다 함께)-주머니-쿵쿵 따(다 함께)!" 이렇게 외친다.
4. 같은 방법으로 세 번째 주자는 "니머주-쿵쿵 따(다 함께)-스피커-쿵쿵 따(다 함께)!"를 외친다.
5. 단어를 거꾸로 말하지 못하거나 박자를 놓치면 그대로 벌칙.

게임 Tip

✓ 보통 3음절 단어가 무난하다. 2음절 또는 3음절 이상의 단어는 박자가 맞지 않아 애매해질 수 있다.

벌칙에 걸리지 않으려면?

– 살짝 된 발음으로 발음하거나, 얼버무리듯 작게 말하거나, 발음하기 어려운 단어를 선택해 다음 사람의 실수를 유도한다. 단, 다른 사람도 나에게 같은 방법으로 실수를 유도할 수 있으니 앞사람의 단어에 집중한다.

16. 응답하라 게임

게임 방법

❶ 게임에 참여하는 모든 사람은 핸드폰을 꺼내 문자나 톡을 보낼 사람을 고른다.
❷ 어떤 내용이든 적는다.
❸ 술래가 "하나, 둘, 셋!"을 외치는 동시에 전송 버튼을 누른다.
❹ 가장 늦게 답장이 오는 사람이 벌칙 당첨!

게임 Tip

✔ 문자나 톡을 받는 사람은 누구든 상관없지만, 가족은 제외하는 게 더욱 재미있다.
✔ 술자리 초반, 분위기가 무르익기 전 다들 핸드폰을 만지작거릴 때 하면 좋다.

벌칙에 걸리지 않으려면?

- 문자나 톡을 받을 사람의 호기심을 자극하는 내용을 보내면 빨리 답장을 받을 수 있다.

17 핸드폰 알람 게임

게임 방법

❶ 핸드폰을 30초, 60초 등 인원수에 따라 적당한 시간으로 알람을 맞춘다.
❷ 게임을 시작하는 술래는 연예인 이름, 나라 이름, 색깔 등 한 가지 주제를 정해, 주제에 해당하는 단어 하나를 말한다.
❸ 다음 사람은 술래가 정한 주제에 맞는 단어를 말한다.
❹ 순서대로 돌아가면서 주제에 맞는 단어를 말하다가 핸드폰 알람이 울리는 사람이 벌칙 당첨.
❺ 같은 단어를 말하거나 늦게 말하는 사람 역시 벌칙을 받는다.

게임 Tip

✓ 시간을 벌기 위해 천천히 말하는 센스는 나중 순서 사람들의 긴장감을 유발하기에 딱 좋다.

벌칙에 걸리지 않으려면?

- 내 차례가 될 때까지 마음속으로 시간을 잰다. 이때 시간만 생각하다 이미 나온 단어를 말하지 않도록 주의해야 한다. 단어 신경 쓰랴, 시간 재랴 머릿속이 바쁘다 바빠.

게임 방법

❶ "사천 만의 영양 간식, 번데기, 번데기, 번번, 데기데기~ 번데기!" 노래를 부르며 게임을 준비한다.

❷ 술래가 "번!"을 외치면 다음 사람이 "데기!"를 외친다.

❸ 그다음 사람이 "번! 번!"을 2번 외치면, 또 그다음 사람이 "데기! 데기"를 2번 외치면서 '번데기' 외치는 횟수를 늘린다. 번-데기, 번번-데기데기, 번번번-데기데기데기…… 앞사람이 외친 '번' 횟수만큼 '데기'를 반복하며 외친다.

❹ 횟수를 잘못 세거나 박자를 놓치면 벌칙을 받는다.

게임 Tip

 맨정신으로도 어려운 게임으로, 술자리에서 하면 술기운에 순식간에 벌칙자가 나온다.

벌칙에 걸리지 않으려면?

- 만약 내 순서가 후반부라면 나에게까지 올 확률은 거의 없으므로, 귀를 쫑긋 세워 앞사람들의 실수를 잡아낸다.

같은 듯 다른 게임

'번데기' 대신 '김삿갓'을 외치는 게임. '삿갓'이라는 발음이 어려워 신경 써서 발음하지 않으면 벌칙을 받게 된다.

19. 개구리 연못에 퐁당 게임

게임 방법

❶ 게임 진행 방향을 정한 후 술래가 "개구리!"를 외치면 두 번째 사람이 "연못에!", 세 번째 주자는 "퐁당!"을 외친다.
❷ 그다음부터는 '개구리' 외치는 횟수를 늘려 "개구리, 개구리!-연못에!-퐁당!"으로 외치고, 또 그다음에는 "개구리, 개구리, 개구리!-연못에!-퐁당!"을 외친다.
❸ 개구리 외치는 횟수를 잘못 말하거나 버벅거리면 바로 벌칙.

 게임 Tip

✓ '개구리'를 몇 번까지 외칠 것인지 게임 시작 전에 정한다.
✓ '1-2-3-4-5-4-3-2-1' 식으로 '개구리' 외치는 횟수를 늘렸다가 다시 줄어드는 식으로 진행해도 재미있다.
✓ 또한 단어를 외칠 때마다 손뼉을 치거나 단어에 해당하는 행동을 흉내 내는 것도 게임 몰입도를 높여 준다.

 벌칙에 걸리지 않으려면?

– 가장 중요한 것은 '개구리'를 외치는 횟수. 횟수에 집중한다.

같은 듯 다른 게임

"개구리! 연못에! 퐁당!"을 외치는 중간에 "왕눈이!"를 외치면 반대 방향으로 돌고, "아로미!"를 외치면 다시 반대 방향, 즉 원래 방향으로 돈다.

20 구구단을 외자 게임 X

게임 방법

❶ 다 함께 신나게 "구구단을 외자! 구구단을 외자!" 노래를 부른다.
❷ 게임 노래가 끝나면 술래는 진행 방향의 옆 사람에게 '8×7?'과 같은 구구단 문제를 내며 공격한다.
❸ 공격당한 사람이 정답을 맞히면 또다시 진행 방향의 옆 사람에게 구구단 문제를 낸다.
❹ 정답을 맞히지 못하거나 정답이 늦게 나오면 벌칙을 수행한다.

벌칙에 걸리지 않으려면?

- 홀수×홀수=홀수(3×3=9), 짝수×짝수=짝수(2×6=12), 짝수×홀수=짝수(4×3=12)의 계산법을 익히고 있으면 좋다. 잘 기억해 두자.
- 7단과 8단에서 가장 많이 틀린다. 7단, 8단, 9단이 나오면 재빠르게 마음속으로 구구단을 외자.
- 큰 수에서 작은 수를 곱하는 게 헷갈리면 반대로 생각하자. 작은 수에서 큰 수를 곱하는 게 더 쉽다. '9×3?'보다 '3×9?'로 계산하면 답이 금세 나온다.

술자리, 피할 수 없다면 즐겨라!

술자리 게임에서 살아남는 법

술자리에서 게임이 빠질 수 없겠죠? 하지만 모든 사람이 술자리 게임을 좋아하는 건 아닐 거예요. 술이 약한 사람이나 게임에 소질이 없는 사람에게는 게임이 게임이 아닌 거죠. 피할 수 없다면 살아남는 법을 알고 있어야 하겠죠?

❶ 많이 알면 알수록 이익

술자리 게임의 종류는 엄청 많아요. 비슷한 게임인데 이름만 조금 다른 게임이 있고, 두뇌 회전을 요하는 게임도 있고, 실력이 아닌 운이 필요한 게임도 있어요. 게임을 못해 벌주의 늪에 빠져 취하면 속상하잖아요. 미리 술자리 게임을 익혀 두어 나에게 유리한 게임을 먼저 제안하면 게임의 왕이 될 수 있을 거예요.

❷ 속도를 높여라

벌칙에 걸릴 것 같은 싸한 기운이 느껴지면 내 차례에서 게임 속도를 빠르게 높이는 것이 좋아요. 그럼 다음 사람부터는 빨라진 박자에 당황하게 되고, 다시 나에게 오기 전에 분명 누군가가 걸릴 거예요.

❸ 방패가 필요해

게임의 벌칙을 피하기 위해서는 내 앞에 나보다 게임을 못하는 사람이 있어야 해요. 그런 사람을 흔히 '방패'라고 하지요. 방패의 요건은 술은 잘 마시면서 게임을 잘 못하는 사람이어야 해요. 그래야 내 순서 전에 벌칙에 걸려 벌주를 마셔도 취하지 않고 게임을 이을 수 있거든요.

달리자, 달려!
-술자리 중반 게임-

01 훈민정음 게임

게임 방법

❶ 다 함께 "훈민정음~ 훈민정음~ 훈민정음~ 훈민정음!" 노래를 부른다.
❷ 술래는 두 글자에 해당하는 초성(ㄴ, ㅂ 또는 ㅁ, ㅈ 등)을 이야기한다.
❸ 술래 이외의 사람들은 술래가 부른 초성(ㄴ, ㅂ)에 해당하는 단어(나비, 나방 등)를 외치며, 다음 차례 사람과 하이파이브를 한다.
❹ 단어를 외치지 못하거나 늦게 말하거나 다른 사람이 외친 단어를 또 외치는 사람이 벌칙 당첨.

게임 Tip

✓ 어려운 초성은 단어를 조합하기 힘들어 게임 분위기가 싸할 수 있다. 쉽고, 누구나 다 알만한 단어의 초성을 선택해 스피드 있게 게임을 진행한다.
✓ 게임이 익숙해지면 '세 단어에 해당하는 초성'처럼 초성의 개수를 늘린다.

벌칙에 걸리지 않으려면?

- 어휘력이 좋으면 당연히 유리한 게임. 초성을 잘 조합하는 게 벌주를 피하기 위한 노하우 중의 노하우.

02 만두 게임

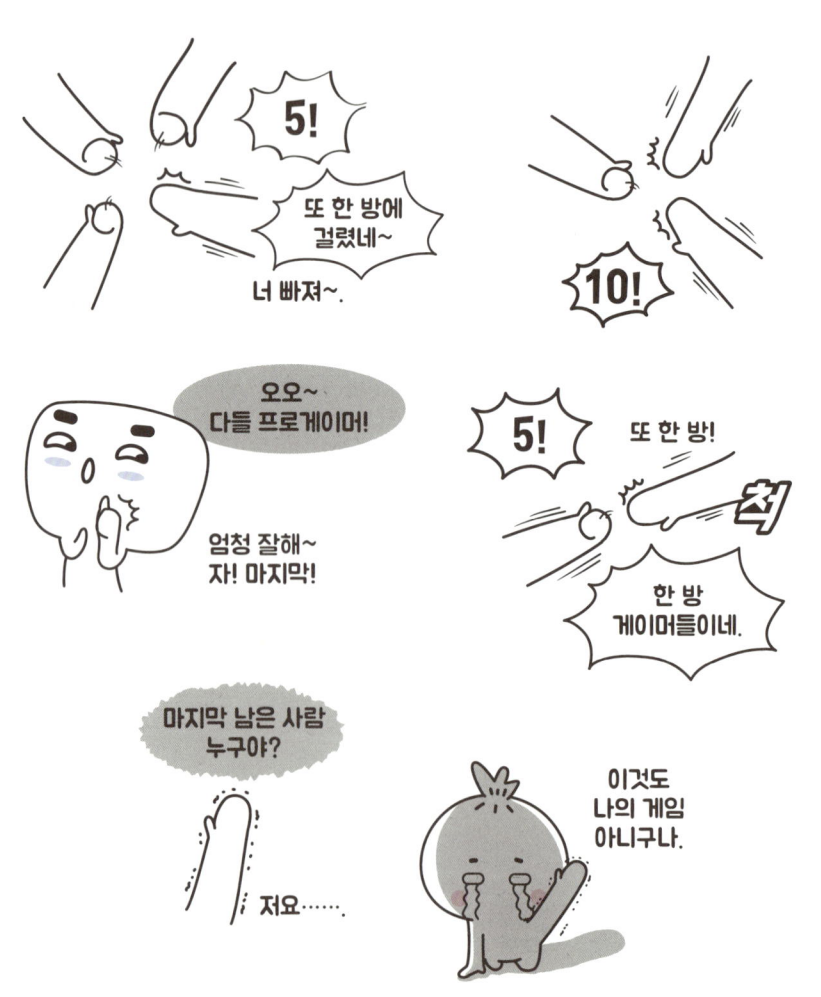

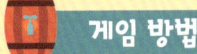 **게임 방법**

❶ 다 함께 손을 앞으로 내밀어 손바닥을 펼쳤다가 만두처럼 오므리며 "만두, 만두, 만두, 만~ 두!"를 외친다.
❷ 술래는 노래가 끝나는 동시에 바로 숫자를 부른다. 이때 숫자는 5의 배수를 부른다.
❸ 게임 참가자들은 손을 오므리거나 펴서 숫자를 만든다. 손바닥을 쫙 펴면 5, 만두 모양으로 손을 오므리면 0으로, 손으로 만든 모든 숫자를 더한다. 만약 "10"을 외쳤을 때, 두 명이 손바닥을 쫙 펼치고, 세 명이 손을 오므렸다면 '10'을 완성한 두 명은 게임에서 빠지고, 나머지 세 명이 게임을 계속한다.
❹ 벌칙을 받을 마지막 한 명이 남을 때까지 게임을 계속한다.

게임 Tip

✓ '만두'를 부르는 횟수를 정하지 말고, 숫자를 외칠 사람이 마음껏 외치도록 룰을 변경해도 좋다. 언제 숫자가 불릴지 몰라 사람들은 계속 긴장하게 되고, 그만큼 게임 몰입도가 높아진다.

 벌칙에 걸리지 않으려면?

- 눈치 게임의 한 종류로, 실력보다는 다른 사람들이 손을 펴는지, 오므리는지 재빠르게 살피는 눈치만이 내가 살 길.

03 경마 게임

게임 방법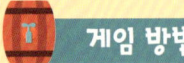

❶ 가위바위보를 해서 게임을 시작할 술래를 정한다.
❷ "달리고~ 달리고~ 달리고~ 달리고!"를 부르며 손바닥으로 테이블이나 바닥을 두드려 말발굽 소리를 낸다.
❸ 시작하는 술래부터 1번 말, 게임 진행 방향의 옆 사람이 2번 말, 그 다음 사람이 3번 말로 자신을 소개한다.
❹ 소개가 끝나면 술래인 1번 말부터 자신의 번호를 외치고, 공격할 사람의 번호(1번에 3번, 3번에 8번, 8번에 2번)를 외친다.
❺ 공격당한 사람 역시 같은 방식으로 자신의 번호를 부르고, 다른 사람의 번호를 부르며 공격한다.
❻ 번호가 헷갈리거나 박자를 맞추지 못하면 벌칙 당첨.

게임 Tip

✓ 속도가 빠를수록 긴장감이 배가 되어 더욱 재미있다.
✓ 말발굽 소리가 있어야 박자도 맞출 수 있고, 분위기도 제대로 살 수 있다. 단, 너무 세게 치지 않도록 조심한다.

 벌칙에 걸리지 않으려면?

- 자신이 몇 번 말인지 잘 알고 있어야 한다. 정신줄 놓는 순간 벌칙.

04 전국 노래자랑 게임

게임 방법

❶ 게임을 시작하는 술래는 술자리 주변에 있는 특정 물건을 들고, 전국 노래자랑 주제곡인 "빰빠빠 빰빠 빠빠~!"를 부르며 자리에서 일어난다. 자리에서 일어나지 못할 때는 팔을 높이 든다.
❷ 게임을 하는 사람들은 부지런히 술래와 똑같은 물건을 찾아 들고 자리에서 일어나거나 팔을 든다.
❸ 가장 늦게 일어난 사람이나 술래가 정한 특정 물건을 찾지 못한 사람이 벌칙 당첨.

게임 Tip

✓ 지루할 때 하면 분위기 살리는 데 좋다.
✓ 술자리 주변에 있는 물건을 선택해야 하는 것은 당연한 일. 물건을 찾다가 음식이나 술을 쏟을 수 있고, 술자리를 이탈해 오히려 분위기가 어수선해질 수 있으니 주의한다.
✓ 쉽게 구할 수 있는 물건이되, 인원수보다 적은 개수여야 한다.
✓ 술자리 아무 때나 술래 마음대로 시작할 수 있도록 룰을 정해 놓으면 술자리 내내 긴장감을 놓을 수 없어 지루해지지 않는다.

벌칙에 걸리지 않으려면?

- 정해진 물건을 빨리 찾는 눈치가 필요하다.

05 바니 바니 게임

게임 방법

❶ 술자리에 있는 모든 사람이 "하늘나라에서 토끼가 내려와 하는 말!"을 외치면 술래는 자신 이외의 한 사람을 지목하며 "바니, 바니! 바니, 바니!"를 외친다.
❷ 지목당한 사람의 양옆에 있는 사람들은 "당근! 당근!"을 외치고, 그와 동시에 지목당한 사람은 "바니, 바니! 바니, 바니!"를 외치며 또 다른 사람을 지목한다.
❸ '바니, 바니!'와 '당근! 당근!'이 오가는 동안 실수하는 사람이 벌칙자.

게임 Tip

✓ 양손으로 오리 입 모양을 만들어 처음 "바니, 바니!"를 외칠 때는 자신의 입 쪽으로 손을 모으고, 나머지 "바니, 바니!"를 외칠 때는 지목할 사람을 향해 팔을 뻗는다.
✓ "당근! 당근!"을 외칠 때는 주먹 쥔 손을 위아래로 흔든다.
✓ 실제 토끼의 모습을 형상하며 최대한 귀엽게 하는 것이 포인트.

 벌칙에 걸리지 않으려면?

- 빠른 눈치만이 살길.

06 잔치기 게임

게임 방법

1. 게임 참가자 모두는 자신 앞에 놓인 잔을 들고 "잔치기, 잔치기, 잔잔잔! 잔치기, 잔치기, 잔잔잔!" 노래를 부르며 분위기를 살린다.
2. 게임의 진행 방향(오른쪽 또는 왼쪽)을 정한 후, 술래가 자신의 잔을 테이블에 친다.
3. 이때 1번을 치면 내 오른쪽 사람을, 2번을 치면 내 왼쪽 사람을, 3번을 치면 오른쪽 다다음 사람을 공격하는 것이다.
4. 자신의 차례를 잘못 알거나 다른 사람 순서에 자신이 잔을 치면 그대로 벌칙.

게임 Tip

- 술잔이 없다면 젓가락처럼 소리를 낼 수 있는 물건이면 된다.
- 어수선할 때 하면 벌칙자가 수두룩 나오는 게임.
- 술기운에 술잔을 너무 세게 부딪치면 깨질 수 있으므로 조심한다.

벌칙에 걸리지 않으려면?

- 다른 사람이 잔을 치는 횟수를 정확히 들어야 하므로 소란스러운 상황에서도 뛰어난 청력이 필요하다.

07 딸기 게임

게임 방법

1. 다 함께 두 손바닥으로 무릎을 치고, 손뼉을 치고, 오른손 따봉, 왼손 따봉(아이 엠 그라운드 게임과 같은 손 모양)을 하면서 "딸기가 좋아, 딸기가 좋아, 좋아, 좋아, 좋아, 좋아!"를 외친다.
2. 노래가 끝나면 술래는 '무릎 치기+손뼉치기+오른손 따봉+왼손 따봉 딸기!' 한 번 외친다.
3. 술래 다음 사람 역시 '무릎 치기+손뼉치기+오른손 따봉, 딸기!+왼손 따봉 딸기!'를 외치고, 그다음 사람 역시 '무릎 치기+손뼉 치기, 딸기!+오른손 따봉, 딸기!+왼손 따봉, 딸기!'를 외치며, 진행 방향으로 한 사람씩 돌아가며 '딸기' 횟수를 늘려간다.
4. 박자를 못 맞추거나 딸기 횟수를 잘못 말하면 벌칙을 받는다.

게임 Tip

✓ '딸기' 외칠 횟수를 미리 정한다. 만약 8번까지 하기로 했다면, 8번을 외친 후 다시 '7-6-5-4-3-2-1'로 횟수를 줄여간다.

벌칙에 걸리지 않으려면?

- 시작하는 사람과 멀리 앉을수록 유리하다. 외쳐야 할 딸기 횟수가 많아지고, 박자가 빨라져서 내 앞의 다른 사람이 걸릴 확률이 높다.
- 마음속으로 딸기 횟수를 세면서 연습하다가 갑자기 말을 내뱉었을 때 사레가 들려 벌칙을 당할 수 있으니 조심.

같은 듯 다른 게임

4박자의 딸기 게임에 4박자를 추가한다. '무릎+손뼉+왼손 따봉+오른손 따봉+왼쪽 어깨 으쓱+오른쪽 어깨 으쓱+고개 숙이기+고개 들기' 순으로 8박자로 진행한다.

08
3·6·9 게임

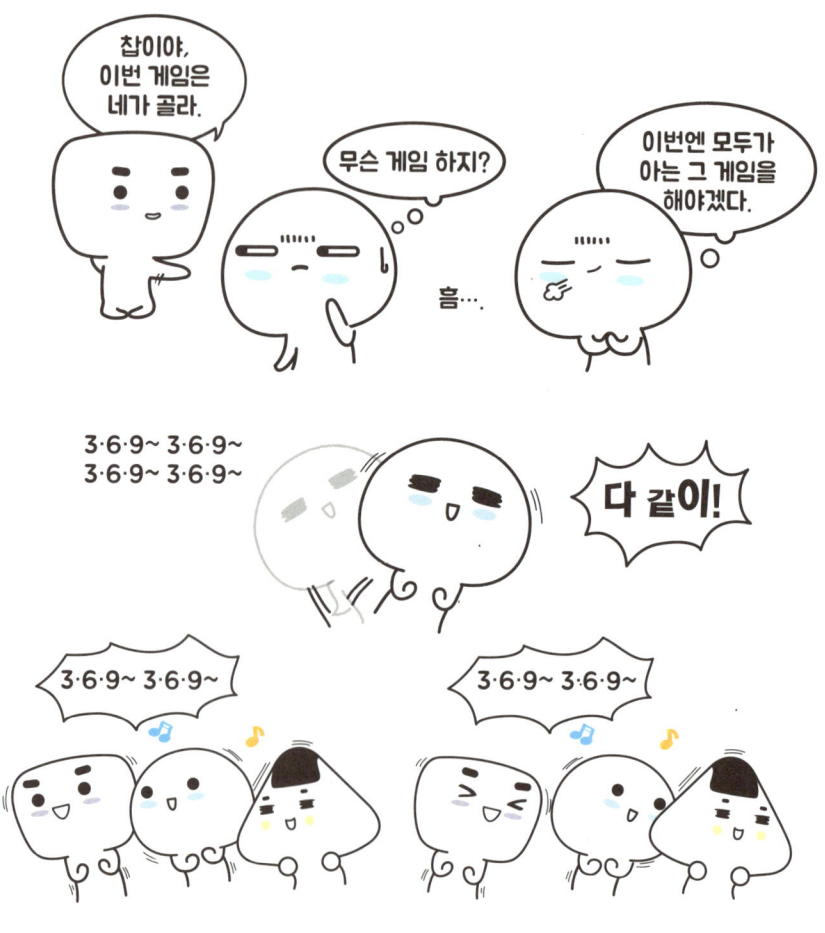

게임 방법

❶ 술자리에 있는 사람 모두 "3, 6, 9! 3, 6, 9! 3, 6, 9! 3, 6, 9!" 노래를 부르며 게임을 시작한다.
❷ 노래가 끝나면 술래부터 진행 방향대로 한 명씩 돌아가며 숫자를 하나씩 외친다.
❸ 이때 '3, 6, 9'가 들어가는 숫자에서는 숫자를 말하지 않고 손뼉을 친다.
❹ 외쳐야 할 숫자에서 손뼉을 치거나 손뼉을 쳐야 할 숫자를 외치는 사람이 벌칙 당첨.

게임 Tip

✓ '3, 6, 9'의 숫자가 두 번씩 들어간 '33, 36, 39, 63, 66, 69, 93, 96, 99' 등에서는 손뼉을 두 번 친다.
✓ '3, 6, 9' 숫자 외에 '5'가 들어간 숫자에 양손을 번쩍 들어 '만세!'를 외치는 룰을 추가하면 '3, 6, 9'에 신경 쓰랴, '5'에 신경 쓰랴 아주 정신이 없다. 그만큼 게임은 흥미진진.

벌칙에 걸리지 않으려면?

- 29번부터 30번대는 숫자를 말하지 않고 손뼉을 치기 때문에 자칫 숫자를 놓칠 수 있으니 정신 똑바로 차리고 속으로 숫자를 센다.

같은 듯 다른 게임

3·6·9 게임의 리듬에 "찹쌀떡! 가래떡! 떡볶이! 쑥떡!"을 노래한다. 이때 '떡'에서 손뼉을 친다. 다른 단어와 달리 '떡볶이'에 주의한다.

09 007빵 게임

게임 방법

1. 술래는 다른 한 명을 손가락으로 지목해 "0(공)!"을 외치며 공격한다.
2. 공격당한 사람 역시 다른 사람을 지목하며 또 다른 "0(공)!"을 외친다.
3. 지목당한 사람도 또 다른 사람을 가리키며 "7!"을 외친다.
4. 마지막 공격을 받은 사람 역시 다른 사람을 지목하며 "빵!"을 외친다.
5. 이때 "빵!"을 받은 사람의 양옆의 사람들은 만세 부르며 "으악!"을 외친다. "빵!"을 받은 사람이 다시 "0!"을 외치며 게임을 이어간다.
6. '0! 0! 7! 빵!'을 잘못 말하거나 박자를 못 맞추거나 "으악!"을 하지 못하면 벌칙 수행.

게임 Tip

✓ 자기가 자기를 콕 짚으면서 빠르게 "0! 0! 7! 빵!"을 외치면 내 양옆의 사람들이 "으악!"을 외치게 된다. 오히려 내가 나를 지목하면 다른 사람들은 더 헷갈릴 수 있다.
✓ 이 게임의 묘미는 뭐니뭐니해도 속도감.

벌칙에 걸리지 않으려면?

- 가장 헷갈리는 것이 '으악!'이다. 당사자가 아닌 공격 받은 사람의 양옆 사람이 외치는 것에 유의하자.

 **같은 듯 다른 게임**

007빵의 업그레이드 버전으로 말없이 손가락으로만 상대를 지목하는 게임이다. 말을 하거나 소리 내어 웃거나 순서를 헷갈리거나 만세를 부르지 않으면 벌칙.

10 곰 발바닥 게임

 **게임 방법**

① 게임을 시작하기 전에 각자 자신의 발바닥 이름을 정한 후, 손등을 위로 향하게 양팔을 앞으로 찌르듯이 내밀었다가 손바닥을 위로 향하게 내밀었다가를 반복하는 동작을 한다.
② 발바닥 이름과 게임 동작을 익혔다면 "내 발바닥 토끼 발바닥", "내 발바닥 파랑 발바닥" 이런 식으로 자기소개를 한다.
③ 술래는 게임 동작을 반복하며 자기 발바닥 이름을 외친 후 공격할 발바닥을 지목한다. "토끼 발바닥, 노랑 발바닥"이라고 외치면 '토끼 발바닥'이 '노랑 발바닥'인 사람을 공격하는 것이다.
④ 공격을 받은 사람 역시 같은 방법으로 자신의 발바닥 이름을 말한 후 공격할 사람의 발바닥 이름을 외친다.
⑤ 발바닥 이름을 잘못 외치거나 발음이 꼬이면 벌칙.

 게임 Tip

✓ 발바닥 이름을 정할 때 곰 발바닥, 개 발바닥, 빨간 발바닥, 돌 발바닥처럼 동물, 색깔, 물체 등 다양하게 정한다.

벌칙에 걸리지 않으려면?

- 정확한 발음만이 살길. 혀가 꼬이지 않도록 또박또박 말한다.
- 독특한 발바닥 이름이나 곰 발바닥, 개 발바닥과 같은 너무 쉬운 발바닥 이름은 오히려 집중 공격을 받을 수 있다.

11. 디비 디비 딥 게임

게임 방법

❶ 술래는 "디비 디비 딥!"을 외치며 한 사람을 지목한다. 마지막 "딥!"을 외칠 때 다른 사람을 지목한다.
❷ "딥!"을 받은 사람은 술래와 똑같은 방법으로 "디비 디비 딥!"을 외치며 다른 사람을 지목하는 동시에 "딥!"을 받은 사람의 양옆 사람들은 "딥! 딥! 딥!"을 외친다.
❸ 같은 방법으로 마지막 "딥!"에서 다른 사람을 지목하고, 지목당한 양옆의 사람들은 "딥! 딥! 딥!"을 외치며 게임을 계속한다.
❹ 박자를 놓치거나 "디비 디비 딥!" 또는 "딥! 딥! 딥!"을 제대로 외치지 못하는 사람이 벌칙을 받는다.

게임 Tip

✓ "디비 디비 딥!"을 하늘을 향해 외치면 모든 사람은 "얼레리!" 하며 머리 위로 손을 뻗고, 아래로 "디비 디비 딥!"을 하면 모든 사람이 "꼴레리!" 하며 밑으로 손을 뻗는다.

벌칙에 걸리지 않으려면?

– 속도감을 높여 게임을 하다 보면 누가 틀렸는지 알아채는 것도 힘들다. 이럴 때일수록 틀린 사람을 찾아내는 매의 눈을 장착하자.

12 쥐를 잡자 찍찍찍 게임

게임 방법

❶ 모두 다 함께 "쥐를 잡자, 쥐를 잡자, 찍찍찍! 쥐를 잡자, 쥐를 잡자, 찍찍찍!" 노래를 부른다.
❷ 노래가 끝나면 술래는 잡을 쥐의 숫자를 말한다. "쥐를 잡자, 쥐를 잡자, 찍찍찍! 쥐를 잡자, 쥐를 잡자, 찍찍찍! 다섯 마리!"
❸ 게임 진행 방향으로 한 사람씩 돌아가며 "잡았다!"를 외치며 쥐를 잡거나, "놓쳤다!"를 외치며 다른 사람에게 넘길 수 있다. 예를 들어 "잡았다!-잡았다!-놓쳤다!-잡았다!-놓쳤다!-잡았다!-잡았다!" 이렇게 외쳤다면 다섯 마리의 쥐를 모두 잡은 것이다.
❹ 술래가 외친 숫자만큼 쥐를 잡았으면 모든 사람은 "으악!"을 외치고, 이와 동시에 다음 차례의 사람이 잡을 쥐의 숫자를 말한다.
❺ 잡아야 할 쥐를 못 잡거나 "으악!"을 외치지 않거나 박자를 놓치면 그대로 벌칙.

게임 Tip

✓ '잡았다!'와 '놓쳤다!'가 중간중간 나와야 흥미진진하다.
✓ 기본 룰에 익숙해지면 난이도를 높이자. '놓쳤다!'가 나오면 이미 잡은 쥐의 마릿수에서 한 마리씩 빼는 것도 게임을 더욱 재미있게 즐기는 방법이다.

13 생감자로 만든 포테이토 칩 게임

게임 방법

❶ 모두 함께 "생감자로 만든 포테이토 칩!" 노래를 부르며 게임 분위기를 고조시킨다.
❷ 노래가 끝나면 술래부터 무표정으로 "생감자로 만든 포테이토 칩!" 노래를 부르며 우스꽝스러운 동작이나 춤을 춘다.
❸ 진행 방향의 다음 사람 역시 무표정으로 "생감자로 만든 포테이토 칩!" 노래를 부르며 앞사람이 했던 동작이나 춤을 한 후 자신만의 코믹한 동작을 한다.
❹ 게임이 진행될수록 노래를 부르면서 해야 할 동작이 많아진다.
❺ 동작을 하는 사람이 웃거나 앞사람이 했던 동작을 제대로 하지 못하는 사람이 벌칙 당첨.

게임 Tip

✓ 동작을 하는 사람을 제외하고는 마음껏 웃어도 된다.
✓ 우스꽝스러운 동작을 하는 사람이 웃기지 않으면 벌칙을 받는 것으로 룰을 추가하면 더욱 재미있다.

벌칙에 걸리지 않으려면?

- 앞사람이 했던 행동을 잘 기억하고 있어야 내가 산다.

14. 내 윙크를 받아라 게임

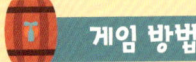 게임 방법

❶ 참가 인원수만큼의 쪽지를 준비한 후 한 장의 쪽지에만 ○를 그리고, 나머지 쪽지에는 X를 그린다. 이때 ○를 뽑은 왕은 다른 사람들에게 자신이 왕임을 비밀로 한다.
❷ ○를 뽑은 왕은 한 사람만 볼 수 없도록 다른 사람에게 윙크한다.
❸ 왕이 보낸 윙크를 본 사람만 "아, 봤다!"라고 말하며 X가 그려진 자신의 쪽지를 공개한다.
❹ 윙크를 받은 사람 외에 다른 사람이 왕의 윙크를 보면 "아, 훔쳤다!" 하며 X가 그려진 자신의 쪽지를 공개한다.
❺ 왕의 윙크를 보지 못하거나 훔치지 못한 한 명이 나올 때까지 게임을 진행한다. 마지막까지 윙크를 못 받은 사람이 벌칙 당첨.

게임 Tip

✓ 왕의 윙크를 모두 보았다면 동시에 윙크한 왕을 지목한다. 모두가 왕을 맞히면 왕이 벌칙을 받고, 다른 사람을 지목한 사람이 있다면 그 사람이 벌칙을 받는다.
✓ 주위가 어두울수록 윙크를 잘 보지 못해 더욱 재미있는 게임.

 벌칙에 걸리지 않으려면?

- ○를 뽑은 왕은 다른 사람들을 피해 살짝 윙크하므로, 주변 사람들의 눈을 유심히 보는 매의 눈이 필요하다.

같은 듯 다른 게임

왕은 마음속으로 정한 벌칙자를 제외한 모두에게 윙크를 보낸다. 왕의 윙크를 본 사람은 손을 들고, 모두가 손을 들면 동시에 왕을 지목한다. 왕을 못 맞춘 사람이 벌주를 마시고, 모든 사람이 다 맞췄다면 왕이 벌주를 마신다.

게임 방법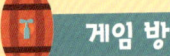

❶ 모든 사람은 자신의 별명과 그에 따른 모션을 정한다. '오빠 달려, 호박 따기, 나무 뽑아.' 등처럼 3~4글자로 정하고, 게임 진행 순서대로 자신의 별명과 모션을 소개한다.
❷ 술래는 자기 별명과 모션(앗싸, 호박 따기)을 말하고, "너!", "너!" 하며 두 명을 지목한다.
❸ 지목당한 사람들 역시 각각 나의 이중 모션을 말하고, 내가 공격할 다른 사람의 별명(앗싸, 나무 뽑아→앗싸, 오빠 달려)을 말한다.
❹ 이때 두 명이 동시에 한 명을 지목했을 경우, 지목당한 사람은 자신의 별명과 모션을 행한 후 다시 "너!", "너!" 하며 2명을 지목한다.
❺ 다른 사람의 모션을 말하지 못하면 그대로 벌칙.

게임 Tip

✓ 게임에 익숙해지면 룰을 살짝 바꿔 보자. 두 사람이 동시에 한 사람을 지목하는 경우, 지목하는 두 사람이 벌칙을 받기로 하면 긴장감이 배가 된다.

 벌칙에 걸리지 않으려면?

- 한 사람이 아닌 동시에 두 사람씩 모션이 이루어지므로 여기저기서 들리는 별명에 헷갈리지 않고 정신을 똑바로 차리는 것이 핵심 포인트.

게임 방법

❶ 술래는 "시장에 가면~." 노래를 부르며 시장에 있는 물건이나 음식 등을 이야기한다. "시장에 가면 호박이 있고~."
❷ 다음 차례의 사람은 술래가 말한 것에 이어 시장에 있는 다른 것을 말한다. "시장에 가면 호박이 있고, 신발도 있고~."
❸ 같은 방법으로 다음 사람 역시 앞의 두 사람이 말한 것에 이어 자신이 생각한 시장 물건이나 음식 등을 이야기한다.
❹ 앞에 사람이 말한 것을 기억하지 못하거나 반복되는 것을 말하거나 박자를 놓치는 사람이 벌칙을 당한다.

 게임 Tip

✓ 기억력과 빠른 두뇌 회전이 요구되는 게임이므로, 정신이 또렷한 술자리 초반보다는 분위기가 무르익어 술이 알딸딸하게 들어간 중후반에 하는 것이 더욱 재미있다.

 벌칙에 걸리지 않으려면?

- 게임을 처음 시작하는 사람과 가까이에 앉거나 아예 멀리 앉은 사람이 유리하다. 술이 들어간 상태이므로 기억력이 그다지 좋지 않아 술래와 거리가 먼 자신의 차례까지 오기는 어렵기 때문.

게임 방법

❶ 다 함께 "아이 엠 그라운드~ 홍삼 게임 시작!" 노래를 부르고, 노래가 끝나면 술래는 "앗싸, 너! 너!" 하면서 두 사람을 지목한다.
❷ 지목당한 두 사람은 "앗싸, 너!", "앗싸, 너!" 하며 각각 다른 한 명씩 지목한다.
❸ 두 사람이 동시에 한 사람을 지목했다면 지목당한 사람은 "앗싸, 홍삼!"을 외치며 자신만의 독특한 행동을 한다. 그러면 모든 사람이 그 사람의 행동을 따라 한다.
❹ 다시 처음으로 돌아가 "아이 엠 그라운드~ 홍삼 게임 시작!" 노래를 부르며 마지막에 지목당한 사람이 "앗싸, 너! 너!" 두 사람을 지목하면서 같은 방식으로 게임을 계속한다.
❺ 박자를 놓치거나 따라 해야 할 행동을 따라 하지 못하면 벌칙.

게임 Tip

✓ 따라 해야 할 행동이 웃길수록 웃음보가 터지면서 분위기는 업 된다.
✓ 빠른 스피드가 게임의 묘미.

벌칙에 걸리지 않으려면?

- 동시에 한 사람을 지목하게 않게 나와 함께 걸린 사람의 손가락 움직임을 잘 살피자.

게임 방법

❶ 본격적인 게임을 시작하기에 앞서 게임에 필요한 네 가지 동작을 익힌다.
  ▷ 왼팔을 왼쪽으로 비스듬히 들면 왼쪽 사람이 공격을 받는다.
  ▷ 양팔을 왼쪽으로 비스듬히 들면 왼쪽의 다다음 사람이 공격을 받는다.
  ▷ 오른쪽 팔을 오른쪽으로 비스듬히 들면 오른쪽 옆에 있는 사람이 공격을 받는다.
  ▷ 양팔을 오른쪽으로 비스듬히 들면 오른쪽 다음다음 사람이 공격을 받는다.

❷ 기본 동작을 익혔다면 다 함께 "메칸더, 메칸더, 메칸더 브이! 랄라랄라랄라랄라 공격 개시!" 노래를 부르며 게임을 시작한다.

❸ 노래가 끝나면 술래는 네 가지 동작 중 한 동작(오른쪽 팔을 오른쪽으로 든다)으로 공격하고, 공격당한 사람(술래의 오른쪽 옆 사람)은 다시 4가지 중 한 가지 동작을 하며 게임을 이어간다.

❹ 동작을 제대로 하지 못하거나 자신의 순서를 받지 못하면 벌칙.

게임 Tip

✓ 게임 중에는 메칸더 노래를 계속 부르고, 처음 시작할 때를 제외하고는 '공격 개시'가 아니라 '메칸더'로 부른다.
✓ 같은 동작을 3번 연속으로 하면 벌칙을 받는 룰도 추가 적용하면 정신없어 더 재미있다. 룰이 복잡할수록 게임이 재미있는 건 당연한 진리.

19 호빵·찐빵·대빵 게임

게임 방법

❶ 술래는 자신을 제외한 다른 한 명을 지목하며 '호빵, 찐빵, 대빵' 중 하나를 선택해 외친다.
❷ 술래가 "호!"를 외치면서 한 사람을 지목하면, 지목당한 사람은 만세를 하며 "빵!"을 외친다.
❸ 술래가 "찐!"을 외치며 한 사람을 지목하면, 지목한 사람의 양옆에 있는 사람이 만세를 하며 "빵!"을 외친다.
❹ 만약 술래가 "대!"를 외치면서 다른 사람을 지목하면, 지목당한 사람을 제외한 모든 사람이 만세를 하며 "빵!"을 외친다.
❺ 지목당한 사람은 "빵"을 외친 후 다시 다른 사람을 지목하면서 '호빵, 찐빵, 대빵.' 중 하나를 외친다.
❻ 헷갈리거나 박자를 놓치면 바로 벌주 원샷.

게임 Tip

✓ '호빵, 찐빵, 대빵'을 외치는 순서는 없다. 무엇을 부르든 술래 마음.

벌칙에 걸리지 않으려면?

- 지목당할 때마다 무엇을 부르느냐에 따라 '빵!'을 외치는 룰이 바뀌기 때문에 정신 똑바로 차려야 한다.

20. 바보 게임

 **게임 방법**

❶ 게임을 진행하는 내내 양손으로 바닥(양 무릎) 한 번 치고, 손뼉을 한 번 치는 동작을 하며 박자를 맞춘다.
❷ 술래는 진행 방향의 옆 사람을 향해 1~5까지의 숫자 중 하나를 손가락으로 표시하고, 다른 숫자를 외친다(손가락 3, 외침 5).
❸ 옆 사람은 조금 전 술래의 손가락 숫자를 입으로 말하면서 손가락으로는 다른 숫자를 표시(손가락 1, 외침 3)한다.
❹ 다음 사람은 이전 사람의 손가락 숫자를 말하는 동시에 다른 숫자를 손가락으로 표현한다.
❺ 입과 손으로 같은 숫자를 말하는 사람이 벌칙을 받는다.

 게임 Tip

✓ 게임 룰을 살짝 바꿔 보자. 술래의 다음 사람은 술래가 외치는 숫자를 손가락으로 표시하고, 다른 숫자를 말한다. 만약 술래가 손가락으로 '2'를 표시하고 '4'를 외쳤다면, 다음 사람은 손가락으로 '4'를 표시하고 다른 숫자인 '3'을 외친다.

 벌칙에 걸리지 않으려면?

- 언행 불일치가 생존 전략. 즉 말과 행동이 달라야 살아남는다.

21 총·칼·폭탄 게임

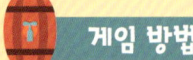 게임 방법

❶ 술래는 '총, 칼, 폭탄' 중의 하나를 선택해 자신 이외의 다른 사람을 지목한다.
❷ 술래가 "총!"을 외치면 지목당한 사람과 양옆 사람, 총 3명이 동시에 만세 포즈로 "으악!"을 외친다.
❸ 술래가 "칼!"을 외치면 지목당한 사람만 양팔을 들어 만세를 부르며 "으악!"을 외친다.
❹ 술래가 "폭탄!"을 외친 경우에는 게임을 하는 모든 사람이 만세 포즈로 "으악!"을 외친다.
❺ "으악!"이 끝나는 동시에 지목당한 사람은 다른 사람을 지목하며 '총, 칼, 폭탄' 중에 하나를 외친다.
❻ "으악!"을 못 외치거나 순서를 놓치는 사람이 벌칙.

게임 Tip

✓ 다른 사람이 아니라 스스로를 지목할 수도 있다.
✓ 지목당한 당사자, 지목당한 사람의 양옆 사람, 게임을 하는 모든 사람 등 "으악!"을 외치는 경우가 매번 다른 난이도가 조금 높은 게임.

 벌칙에 걸리지 않으려면?

- 술래가 부르는 단어를 정확히 잘 듣는 뛰어난 청력이 필요하다.

22. 퐁당퐁당 돌을 던지자 게임

풍당풍당 가사 팁
풍당 / 풍당 / 돌을 / 던지자
누나 / 몰래 / 돌을 / 던지자
냇물아 / 퍼져라 / 멀리 / 멀리 / 퍼져라
건너 / 편에 / 앉아서 / 나물을 / 씻는
우리 / 누나 / 손등을 / 간지러 / 주어라

게임 방법

❶ 게임 참가자 모두가 "퐁당퐁당 돌을 던지자!" 노래를 부르며, '1-2-3-4-3-2-1' 숫자에 맞춰 팔을 머리 높이 든다.
❷ 만약 시계 방향으로 게임이 진행되면 술래의 오른쪽 팔을 드는 것이 첫 번째 '퐁당!', 술래의 왼손과 왼쪽 옆 사람의 오른손을 드는 것이 두 번째 '퐁당!'이 된다.

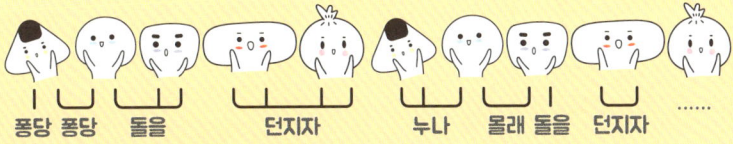

❸ 박자를 못 맞추거나 숫자 못 맞추면 벌칙 당첨.

게임 Tip

✓ 게임을 시작하는 사람이 오른쪽 팔, 왼쪽 팔을 번갈아들면 게임이 더욱 흥미진진해진다.
✓ 노래도 해야 하고, 숫자에 맞게 팔을 들어야 하므로 술기운이 올라올 때 이 게임을 하면 벌칙자가 수두룩.

벌칙에 걸리지 않으려면?

- 최근 유행한 게임이라 선배들은 잘 모를 수 있다. 이 점을 이용하자.
- 방향이나 숫자가 헷갈릴 수 있으므로 정신을 똑바로 차리자.

23 오렌지 방귀는 누가 꼈나 게임

으악, 방귀 냄새!

미, 미안. 안주를 많이 먹다 보니……

후후~

방귀 뀐 쎄쎄를 위한 게임이 있지.

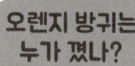

오렌지 방귀는 누가 꼈나?

게임 할 때는 무표정으로 진행되며, 웃는 사람도 벌칙을 받아요.

오렌지 방귀는 누가 꼈나?

 게임 방법

❶ 게임을 하는 모두 함께 "오렌지 방귀는 누가 꼈나!" 노래를 부른다.
❷ 노래가 끝나면 술래는 "네가 꼈지!" 하며 한 명을 지목한다.
❸ 지목된 사람은 방귀 뀌는 듯한 다양한 포즈로 "방귀 뽕!"이라 말하고, 지목된 사람의 양옆에 있는 사람은 정말 방귀 냄새가 나는 것처럼 코 앞쪽에서 손 부채질을 하며 "아이, 냄새~."라고 말한다.
❹ 다 함께 "오렌지 방귀는 누가 꼈나!" 노래를 부르고, 마지막에 지목 당한 사람이 게임을 시작한다.
❺ 무표정으로 진행되는 게임이기 때문에 웃는 사람이 벌칙 당첨.

게임 Tip

✓ '방귀 뽕!'을 최대한 재미있게 하는 것이 포인트. 방귀를 뀌는 행동이나 손등으로 방귀 소리를 내는 등 다른 사람을 웃길 수 있는 다양한 행동으로 "방귀 뽕!"을 외친다.
✓ 술래를 쳐다보지 않아도 벌칙을 받는다.

벌칙에 걸리지 않으려면?

- 속도를 높여 빠르게 게임을 진행하면 올라오는 술기운에 게임 룰이 헷갈려 웃음이 쉽게 나온다. 그러므로 술기운이 빠르게 올라온 사람을 선택하면 내가 벌칙에 걸릴 확률이 낮아진다.
- 웃음을 참는 것이 살길. 어금니를 꽉 깨물어 웃음을 참자.

같은 듯 다른 게임

서로를 지목하며 "똥 쌌다!"를 크게 외치는 게임으로, 방귀 소리를 뿡 내거나 강아지처럼 한쪽 다리를 올리는 등 최대한 웃긴 표정이나 행동으로 사람들의 웃음을 유발한다.

24 두부 게임

 **게임 방법**

❶ 다 함께 "두부, 두부, 두부, 으샤! 으샤! 으샤! 으샤!"를 외친다.
❷ 게임 진행 방향과 상관없이 술래는 무조건 '두부 세 모'이다. '두부 세 모'인 술래를 중심으로 왼쪽 옆 사람이 '두부 두 모'이고, 오른쪽 옆 사람이 '두부 네 모'이다.
❸ 노래가 끝나면 술래는 "두부 한 모!"처럼 외치고 싶은 두부 수를 말하며, 다른 사람을 지목한다.
❹ 지목당한 '두부 한 모(술래의 왼쪽 옆 옆 사람)'는 이제 '두부 세 모'가 되어 다른 숫자의 두부 수를 말한다.
❺ 두부 수가 헷갈려 게임에 틀리는 사람이 벌칙.

 게임 Tip

✓ 5~8명 정도의 인원이 적당하다.
✓ 지목을 당할 때마다 술래가 바뀌는 게임. 지목당한 술래를 기준으로 '두부 세 모'가 됨을 잊지 말자.

 벌칙에 걸리지 않으려면?

– 정신을 똑바로 차려야 한다. 게임 중에 얼떨결에 '두부 세 모'를 외치는 것은 곧 본인 스스로 벌칙을 받겠다는 것이므로 조심한다.

25. 아기 돼지 새끼 돼지 게임

게임 방법

❶ 가위바위보로 게임을 시작할 술래를 뽑는다.
❷ 술래는 "아기 돼지 새끼 돼지 발가락에 빨간 매니큐어 발랐네!"를 외치고, 노래가 끝나는 동시에 한 사람을 지목한다.
❸ 지목당한 사람 역시 3초 안에 "아기 돼지 새끼 돼지 발가락에 빨간 매니큐어 발랐네!"를 외치는 동시에 다른 사람을 지목하면서 게임을 이어간다.
❹ 박자를 못 맞추거나 발음이 꼬일 경우 바로 벌칙 당첨.

게임 Tip

✓ 다소 발음이 어려운 게임이다. 혀가 꼬이거나 발음이 부정확해도 벌칙을 받는다.
✓ 천천히 하면 걸리는 사람이 거의 없다. 속도감을 올리면 그만큼 더 재미있다.

벌칙에 걸리지 않으려면?

- 정확한 발음이 필수인 게임. 술기운이 올라오면 발음이 꼬일 수 있으므로 주의한다.
- 시선 따로, 지목하는 손동작 따로 하면 지목당하는 사람이 헷갈려 벌칙을 유도할 수 있다.

26 야 인마 너 게임

게임 방법

① 다 함께 "야, 인마, 너! 야, 인마, 너! 야, 인마, 너! 야, 인마, 너!" 노래를 부르고, 노래가 끝나면 술래는 한 사람을 지목해 "야!"를 외친다. 이때 본인을 지목할 수도 있다. 진짜 공격이 아니다.
② 진행 방향에 따라 술래 옆 사람 역시 무작위 한 사람을 가리키며 "인마!"를 외친다. 이때도 본인을 지목할 수 있다. 진짜 공격이 아니다.
③ 세 번째 사람, 즉 술래의 두 번째 옆 사람 역시 한 사람을 가리키며 "너!"를 외친다.
④ 마지막 "너!"를 받은 사람이 "야!"를 외치며 다시 게임을 시작한다.
⑤ "너!"를 지목당했는데 가만히 있거나 순서를 알아채지 못하거나, 지목당하지 않았는데 본인이 움찔하면 벌칙 당첨.

 게임 Tip

✓ '야, 인마'는 사람들을 교란하기 위한 행동이고, 진짜 공격은 '너'에서 이루어진다. '야, 인마'는 게임 진행 방향대로 돌아가고, '너'를 받은 사람이 진짜 공격을 받은 것이다.
✓ 6명 이상일 때 더욱 재미있다.

 벌칙에 걸리지 않으려면?

- '야, 인마'의 지목에 절대 속지 말자. '너'에만 집중하자.

같은 듯 다른 게임

'야, 인마, 너' 대신 '헷, 갈, 려'를 외치는 게임으로, 마지막 '려' 공격을 받은 사람이 다시 게임을 시작한다.

헷갈려 게임

헷!
갈!
려!

다음 누구야?

너야!
ㅋㅋㅋㅋ
헉

내가 게임을 이어가는 거였어? 이름처럼 헷갈리는 게임이네.

27 사랑해 꺼져 게임

게임 방법

❶ 술래는 옆 사람에게 상대를 웃기기 위한 다양한 표정을 지으며 "사랑해!"를 말한다.
❷ '사랑해'를 받은 사람은 '사랑해'와 '꺼져' 중 하나를 선택해서 말한다. '사랑해'를 선택한 경우, 다음 사람에게 "사랑해!" 하면 되고, "꺼져!"를 외치면 술래는 반대 방향의 사람에게 "사랑해!"를 외친다.
❸ 만약 반대 방향의 사람도 "꺼져!"라고 하면 '사랑해'를 받을 때까지 술래는 양쪽 사람을 번갈아가며 "사랑해!"를 외쳐야 한다. 이때도 상대를 웃기기 위한 표정을 짓는다.
❹ 게임 도중 웃거나 방향을 착각한 사람이 벌칙을 받는다.
❺ 공격을 받는 사람이 공격자를 보지 않아도 벌칙을 받는다.

 게임 Tip

✓ 콧구멍을 파거나 울기처럼 상대방이 예측할 수 없는 다양한 재미있는 표정이나 행동이 나와야 더욱 화기애애한 것은 당연한 말씀.

 벌칙에 걸리지 않으려면?

- 진행 방향도 중요하지만, 상대방을 웃기기 위한 행동이나 표정을 짓는 것도 중요하다. 다만, 내가 먼저 웃지 않도록 조심.

같은 듯 다른 게임

어감이 좀 그렇지만 사랑해 꺼져 게임과 같은 방법으로 진행하되, '꺼져' 대신 '병신'을 외친다. 게임은 게임일 뿐, 감정은 넣지 말자!

28 산토끼 게임

게임 방법

❶ 술래는 술자리 분위기를 봐서 "산토끼!"를 외친다.
❷ "산토끼!"를 외치는 동시에 술자리에 있는 모든 사람은 한쪽 팔을 들며 "예!"를 외친다.
❸ "예!"를 외치지 않거나 늦게 외치는 사람이 벌칙을 받는다.
❹ "산토끼! 산토끼!", "예! 예!" 두 번씩 외치는 것이 좋다.

 게임 Tip

✓ 달리 시작이 없다. 술래가 '산토끼'를 외치는 때가 바로 게임 시작 시점이다.
✓ 이 게임의 묘미는 뜬금없이 '산토끼'를 외치는 것이지만, 진지하게 대화할 때는 오히려 무안할 수 있다. 무턱대고 아무 때나 외칠 것이 아니라 술자리 분위기를 봐가며 '산토끼'를 외친다.

 벌칙에 걸리지 않으려면?

– 술자리에 집중해야 한다. 분위기에 어울리지 못하고 혼자 다른 행동을 하고 있으면 '산토끼' 소리를 못 들을 수 있으니 술자리에 집중하자.

같은 듯 다른 게임

술래가 "산토끼!" 하고 외치면, 나머지 사람들은 동시에 토끼 흉내를 내며 "깡충!"을 외친다. 늦게 외치는 사람이 벌칙을 받는다.

산토끼 깡충 게임

이번엔 내가 산토끼 깡충 게임을 할 거야.

뜬금없이 척

산토끼!

깡충 깡충 예……

후후~

이번 게임은 산토끼 깡충 게임이었어. 그래서 '예'가 아니라 '깡충'을 했어야지!

29. 뱀 사 안 사 게임

게임 방법

❶ 술래는 옆 사람에게 "○○ 사?"라고 말하면서 주변에 있는 물건을 건네며 구매 의사를 묻는다. 예를 들어 "술잔 사?", "포크 사?", "악수 사?" 등 다양한 것에 대한 구매 의향을 묻는다.
❷ 옆 사람이 "사!"라고 대답하면 물건이나 행동을 그 사람에게 건넨다. "술잔 사?"에 "사!"라고 대답하면 자신의 술잔을 건네고, "포크 사?"에 "사!"라고 대답하면 포크를 건넨다.
❸ 그런 후 다음 옆 사람에게 자신만의 행동이나 물건을 건네면서 구매 의향을 묻는다.
❹ 만약 "안 사!"라고 대답하면 둘이 함께 술을 마시면 된다.

게임 Tip

✓ 원래는 신체 접촉 게임이지만 많은 사람이 모인 자리에서는 재미있는 행동이나 물건으로 대체해서 진행한다.
✓ 게임이 진행될수록 어려운 물건이나 행동을 제시하면 재미있다.

벌칙에 걸리지 않으려면?

- 무리한 것을 요구하면 상대방도 거부감이 든다. 분위기를 보며 가볍고 재미있는 것을 사도록 요구한다.

같은 듯 다른 게임

만약 연인끼리 이 게임을 한다면 물건 대신 애정 행각을 벌이면 좋다. "뽀뽀 사?", "포옹 사?"를 묻고, 뽀뽀를 하던 포옹을 하던, 아님 안 사고 러브샷을 하던 연인 마음.

고·백·점프 게임

고, 백, 점프~
고, 백, 점프~
고, 백, 점프~ 고, 백, 점프~

게임 방법

❶ "고, 백, 점프~! 고, 백, 점프!" 노래를 부르며 게임을 시작한다.
❷ 술래가 숫자 "1"을 외치면 정해진 방향에 따라 돌아가면서 숫자를 하나씩 말한다.
❸ 이때 '3, 6, 9'가 들어간 자리에서는 숫자를 외치는 대신 '고·백·점프' 중 하나를 외친다. "고!"라고 외치면 다음 사람이 숫자를 외치고, "백!"이라고 외치면 내 전 사람이 숫자를 말한다. "점프!"를 외칠 경우에는 진행 방향의 다다음 사람이 숫자를 말한다.
❹ '고, 백, 점프'를 제대로 수행하지 못한 사람이 벌칙자.

 게임 Tip

✓ 3, 6, 9 게임의 업그레이드판으로, 다소 난이도가 높다.
✓ 술이 얼근하게 취했을 때 하면 더욱 재미있다.

 벌칙에 걸리지 않으려면?

- 정신 똑바로 차리는 것만이 내 살길.
- 무엇을 외치느냐에 따라 순서가 계속 바뀌므로 정신을 똑바로 차리자.

술자리, 피할 수 없다면 즐겨라!

알고 가면 피가 되고 살이 되는 술자리 생존 방법

긴장감은 풀어 주고 기분을 좋게 해주는 술. 하지만 모든 술자리가 즐거운 것만은 아니에요. 피할 수 없는 술자리라면 살아남는 게 상책이겠죠? 술자리 생존 방법, 이것만은 꼭 알아 두세요.

❶ 원샷보다는 한 모금씩 나눠 마시기

만약 술이 약하다면 한사코 술을 사양하기보다는 한 모금씩 나눠 마셔요. 눈치는 보여도 "나 주량이 약해요. 봐주세요." 하는 암묵적인 신호가 될 수 있어요.

❷ 수시로 물 마시기

술자리에서 물은 필수예요. 물이 알코올을 분해해 숙취를 막아 주거든요. 또한 화장실을 자주 가면 술을 덜 마실 수 있고, 바깥 공기를 쐬면서 취한 정도도 확인할 수 있어요.

❸ 술 좋아하는 사람 옆은 절대 피하기

유독 술을 좋아하는 사람이 있어요. 그래서 주변 사람들에게도 수시로 술을 권하며 자신이 마시는 만큼 마시기를 원해요.
기분 좋은 술자리가 되고 싶다면 술 좋아하는 사람 주위보다는 조금 멀리 떨어져 앉는 것이 좋겠어요. 함께 주거니 받거니 하다가 내가 먼저 취하면 큰일이잖아요.

❹ 내 주량 알고 마시기

술자리에서 가장 무서운 사람은 자신의 주량을 모르는 사람이에요. 그래서 무작정 주는 대로 받아 마시지요. 그러다 응급실에 실려 가는 건 시간문제. 약간 알딸딸하게 기분 좋은 정도를 미리 알아 두세요.

정리, 정리합시다!
-술자리 후반 게임-

웃지 않기 게임

게임 방법

❶ 다 함께 "하나, 둘, 셋!"을 외치는 동시에 술래는 사람들을 웃기기 위한 표정이나 행동을 취한다.
❷ 이때 모든 사람은 웃기려는 사람(술래)을 쳐다보아야 한다. 시선을 피하면 벌칙.
❸ 술래를 보고 5초 안에 웃음이 빵 터지는 사람이 벌칙 당첨.
❹ 게임 진행 방향대로 술래 다음 사람이 다시 게임을 시작한다.

게임 Tip

✓ 게임의 재미를 더 높이려면 '이 보이지 않기, 특정 행동 하지 않기' 등처럼 옵션을 추가한다.

벌칙에 걸리지 않으려면?

- 웃음은 한 번 터지면 잘 멈추지 않는다. 만약 웃음이 빵 터진 사람이 있다면 그 사람을 집중 공략하자.
- 뭐니 뭐니 해도 웃음을 잘 참아야 한다. 이 악물기, 내 몸 꼬집기, 딴 생각하기 등 다양한 방법으로 웃음을 참자.
- 웃음을 참는 것만큼 중요한 것은 남다른 방법으로 다른 사람을 웃기는 것이다. 얼굴로 웃기기, 몸으로 웃기기 등 여러 방법이 있으니 미리 준비하자.

같은 듯 다른 게임

이가 보이지 않도록 입술로 이를 감추고 정해진 주제에 따른 단어를 말하는 게임으로, 웃거나 이가 보이면 바로 탈락. 게임 진행 방향으로 술래부터 한 사람씩 게임을 이어간다.

할머니 게임

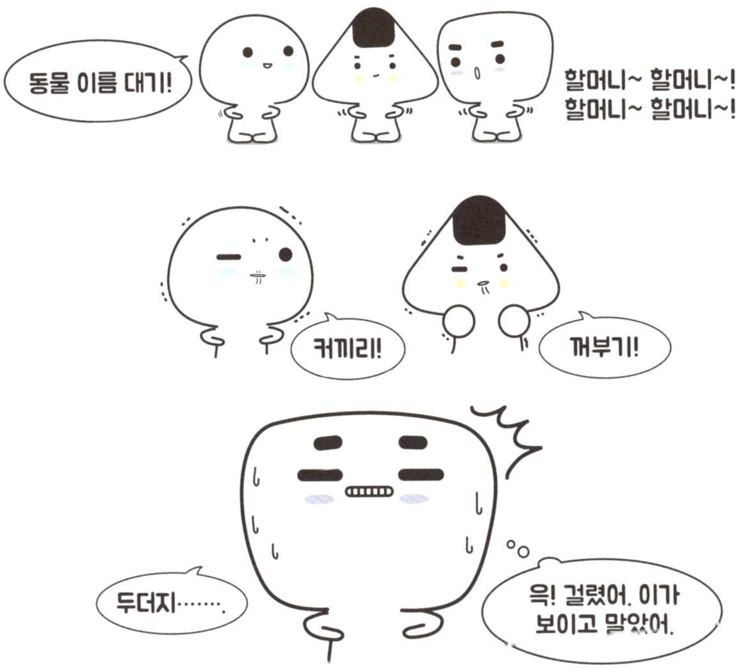

동물 이름 대기!

할머니~ 할머니~!
할머니~ 할머니~!

코끼리!

꺼부기!

두더지……

윽! 걸렸어. 이가 보이고 말았어.

타이타닉 게임

게임 방법

❶ 큰 컵에 반 정도 맥주를 따르고, 그 안에 소주잔을 넣는다.
❷ 술래를 시작으로 게임 진행 방향으로 돌아가며 한 사람씩 소주잔에 소주를 따른다.
❸ 자기 순서에서 소주잔이 꼬르르~ 가라앉으면 벌주 원샷.

 게임 Tip

✓ 자기 순서에서 소주잔이 가라앉으면 소주를 따르기 전이라도 소주병 가진 사람이 벌칙을 당한다.
✓ 소주량을 조절해 특정 사람의 벌칙을 유도할 수 있는 게임.

 벌칙에 걸리지 않으려면?

- 소주를 따르는 사람의 팔을 흔들거나 치면 한꺼번에 소주가 나와 소주잔이 가라앉아 벌칙을 당하게 된다.
- 내 앞 순서 사람과 친해 두면 좋다. 그래야 내 앞에서 많은 양의 소주를 붓지 않으니까.
- 소주잔이 가라앉기 직전의 아슬아슬한 상태라면 소주를 따르는 시늉 정도로만 하고 얼른 다음 사람에게 소주병을 넘긴다.

03 공동묘지 게임

게임 방법

❶ "공동묘지에~ 올라갔더니~ 시체가 벌떡! 시체가 벌떡! 벌떡! 벌떡! 벌떡!" 노래를 부르며 분위기를 탄다.

❷ 노래가 끝나면 술래는 손을 위로 올렸다가 앞으로 뻗으며(마치 좀비처럼) 다른 사람에게 "아~ 쇼킹!"을 보낸다.

❸ "아~ 쇼킹!"을 받은 사람의 양옆 사람들은 만세를 하며 "으악!"을 외친다. 이와 동시에 "아~ 쇼킹!"을 받은 사람은 좀비처럼 공격할 사람을 향해 손을 앞으로 뻗으며 "아~ 쇼킹!"을 외친다. 이때 하늘을 향해 "아~ 쇼킹!"을 외치면 게임 하는 모든 사람은 "으악!"을 외친다.

❹ 동작이 틀렸거나 정신을 놓아 구호를 잘못 외치면 바로 벌칙.

게임 Tip

✓ 사람이 많을수록, 동작을 크게 할수록, 빠르게 진행될수록 게임은 더욱 흥미진진.

벌칙에 걸리지 않으려면?

- 누구에게 '아~ 쇼킹!'을 보내는지 유심히 살펴야 한다.

04 시체 게임 💀

게임 방법

❶ 주거니 받거니 술자리 분위기가 한창 좋을 때 술래가 큰 소리로 "시체 게임!"이라고 외치는 순간, 게임은 시작된다.
❷ 게임이 시작되면 술자리에 있는 모든 사람은 하던 행동을 즉시 멈춰야 한다.
❸ 움직이거나 웃는 사람이 있다면 바로 벌칙 수행.

게임 Tip

✓ 느슨한 분위기를 살리는 데 딱 좋은 게임.
✓ 오랜 시간 벌칙자가 나오지 않으면 게임의 의미가 없어진다. 이럴 때는 30초, 1분처럼 시간을 정해놓고, 시간이 지나도 벌칙자가 나오지 않으면 술래가 벌칙을 받는다.
✓ 앉거나 일어나기 직전의 상태, 술을 마시고 있는 상태, 무거운 술병을 들고 있는 상태 등 행동을 멈추기 어려운 상태일 때 하면 좋다.
✓ 언제든지 게임을 시작할 수 있도록 미리 합의해놓는 것이 좋다. 그렇지 않으면 아무도 호응을 해주지 않아 오히려 맘만 상할 수 있다.

벌칙에 걸리지 않으려면?

– 눈동자를 움직이는 것은 벌칙에 걸리는 것이 아니므로, 눈동자를 이리저리 움직여 주변 사람들을 웃게 하자. 일단 나부터 살고 볼 일.

05 혼자 왔어요 게임

게임 방법

1. 게임이 시작되면 술래는 "혼자 왔어요!"를 외치며 손을 들거나, 자리에서 일어났다가 다시 앉는다.
2. 게임 진행 방향으로 술래 다음 사람과 그다음 두 사람이 "둘이 왔어요!"를 외친다.
3. 두 사람의 오른쪽에 앉은 세 명의 사람이 동시에 "셋이 왔어요!"를 외치며 인원수를 늘린다.
4. 인원수를 제대로 세지 못해 자신이 외쳐야 할 차례에서 외치지 못하면 벌칙 수행.

게임 Tip

✓ 외치는 숫자를 '1-2-3-4-3-2-1' 식으로 늘렸다가 줄여가며 진행하면 더욱 재미있다.
✓ 속도를 높여 빠르게 진행한다.

벌칙에 걸리지 않으려면?

- 미리 사람들의 숫자를 세어 내 차례의 숫자를 확인한다.
- 정신을 바짝 차리지 않으면 매번 내가 당한다.

06 올인 게임

게임 방법

1. 100원짜리 동전 하나를 준비한다.
2. 술래는 동전을 위로 던졌다가 받아 동전의 그림을 확인한다.
3. 이순신 그림(앞면)이 나오면 내 술잔을 진행 방향의 옆 사람에게 넘기고, 숫자 100(뒷면)이 나오면 자신 앞에 있는 술잔을 모두 비운다. 만약 내 앞의 세 사람이 전부 이순신 그림이 나왔다면 내 앞에는 4잔의 술잔이 있는 셈.

게임 Tip

- 여러 잔의 술을 한꺼번에 마시는 게임으로, 술 마시는 속도가 줄었을 때 하면 좋다.
- 사람이 많으면 벌칙자가 마셔야 하는 술의 양이 많아 위험할 수 있으니 조심한다.

벌칙에 걸리지 않으려면?

– 절대적으로 운이 따라야 하는 게임. 만약 내가 걸렸다면 눈치껏 흑기사를 요청해도 좋다. 대신 흑기사의 소원은 꼭 들어 주어야 한다.

같은 듯 다른 게임

100원짜리 동전을 던져 이순신 그림(앞면)이 나오면 통과, 숫자 100(뒷면)이 나오면 내 잔의 술을 마신다. 올인 게임과 다른 점은 동전의 앞면이 나왔을 때 내 잔을 옆 사람에게 넘기지 않고 그대로 내 앞에 둔다.

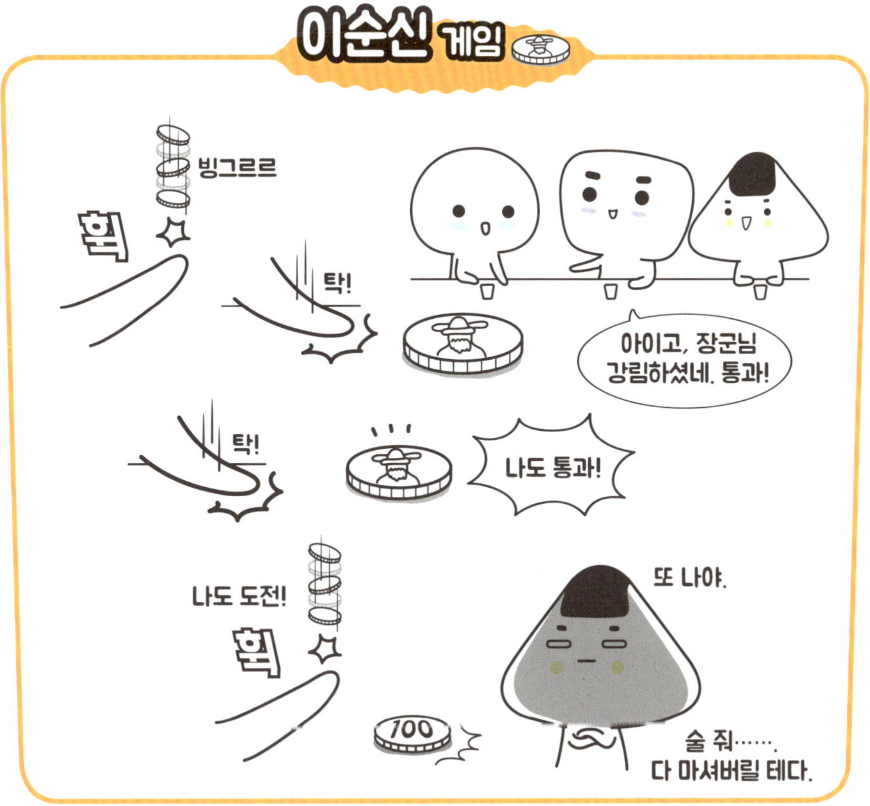

이순신 게임

빙그르르
탁!
아이고, 장군님 강림하셨네. 통과!

탁!
나도 통과!

나도 도전!
헉
또 나야.
술 줘……
다 마셔버릴 테다.

07 아파트 게임

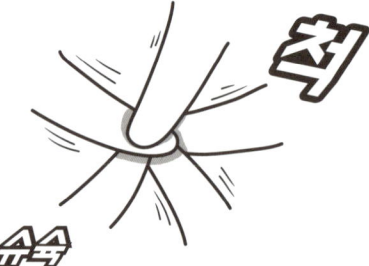

게임 방법

❶ 술래는 아파트 층수(5층, 12층 등)를 외친다.
❷ 게임을 하는 모든 사람은 무작위로 손을 포개서 아파트처럼 높이 쌓는다.
❸ 1층부터 해당 층수만큼 아래부터 차례대로 손을 빼내어 다시 위로 올린다.
❹ 불린 아파트 층수에 손을 빼는 사람이 벌칙 당첨.

게임 Tip

✓ 쉽고 간단해서 누구나 즐길 수 있다.
✓ 높은 숫자는 지루해질 수 있고, 낮은 숫자는 금방 끝날 수 있으므로 높거나 낮은 숫자는 피한다. 가장 효과적인 층수는 '게임 참가 인원×2' 또는 '게임 참가 인원×3'이 적당하다.
✓ 벌칙자를 여러 명 만들면 더욱 재미있다. 숫자를 2개 정도 불러서 처음 숫자에 걸리더라도 다음 벌칙자가 나올 때까지 계속 게임에 참여해 중복으로 벌칙자를 가려 다양하게 게임을 즐기자.

 벌칙에 걸리지 않으려면?

- 양손은 비슷한 위치가 아니라 높이를 다르게 분산해서 포개는 것이 중요하다.

08 어려운 단어 이어 말하기 게임 단어

다들 술 많이 마신 것 같지?

응. ㅋㅋㅋ

게임 하자. 게임! 게임!

이때다!!

어려운 단어 이어 말하기!

시작!

양념꽃게장!

양념꽃게장, 양념꽃게 장!

게임 방법

❶ 술래는 발음하기 어려운 단어를 선택해 한 번 외친다.
❷ 게임 진행 방향에 따라 술래 옆 사람부터 술래가 선택한 단어의 횟수를 늘려 말한다. 술래는 1번, 술래 다음 사람은 2번, 술래 다다음 사람은 3번…… 이렇게 단어의 횟수를 늘려간다.
❸ 단어 횟수를 잘못 말하거나 발음이 꼬이거나 웃음이 터져 단어를 말하지 못하면 벌칙 당첨. 만약 한 바퀴를 다 돌아도 벌칙자가 나오지 않으면 술래가 벌칙을 받는다.

게임 Tip

✓ 한 TV 프로그램을 통해 알려진 게임으로 어려운 단어를 선택하는 것이 게임의 묘미. '통팥찐빵, 양념꼼장어, 경찰서창살, 오늘그린그림, 기린그린그림' 등 단어가 어려울수록 게임은 더욱 재미있다.

벌칙에 걸리지 않으려면?

- 제멋대로 돌아가는 혀를 바로잡을 수 있는 집중력과 흐트러지는 정신력을 붙잡을 인내가 필요하다.

의리 게임

게임 방법

1. 큰 그릇에 술을 가득 담는다.
2. 2명의 조장을 뽑은 후 조장끼리 가위바위보를 해서 이길 때마다 자신의 조원을 뽑아 술자리에 있는 사람들을 두 조으로 나눈다.
3. 조가 정해지면 조 대항으로 한 명씩 돌아가면서 가위바위보를 한 후 모든 조원이 진 조가 큰 그릇에 담긴 술을 나눠 마신다.

게임 Tip

- 이긴 조장이 조원을 뽑을 수 있는 권한이 있기 때문에 많이 이길수록 더 많은 조원을 데려올 수 있다. 가위바위보 결과에 따라 조원 수가 1:4 또는 3:3도 될 수 있으니 가위바위보를 잘해야 한다.
- 벌주를 마실 때 한 모음 꼴깍하거나 젓가락으로 찍어 먹거나 입에 대고 먹는 척만 해도 상관없다. 다만 마지막 사람이 힘들어질 뿐.
- 마지막 사람을 위한 조원들의 의리를 알 수 있다.

벌칙에 걸리지 않으려면?

- 개인전이 아니라 조별 게임이기 때문에 운이 따라야 한다. 하지만 일단 나라도 가위바위보를 잘하면 한 경기는 통과.
- 먼저 술을 먹는 사람이 장땡, 나중에 먹는 사람이 좌절. 그러므로 눈치 봐서 큰소리치며 일찍 먹는 것이 좋다.

같은 듯 다른 게임

의리 게임과 비슷한 게임으로, 하나를 더 보태자면 가위바위보에서 조장이 진 조는 다시 조원들끼리 가위바위보를 해서 벌주를 마실 순서를 정한다.

10 빵상 게임

게임 방법

❶ 술래는 일정한 목소리 톤으로 진행 방향의 옆 사람에게 "빵상!"을 외친다.
❷ 술래 옆 사람 역시 "빵상!"을 외치는데, 이때 술래보다 높거나 낮게, 또는 빠르거나 느리게 말한다. 어떤 것을 선택하든 자기 마음.
❸ 세 번째 사람부터는 두 번째 주자가 했던 방식으로 계속 진행한다. 만약 두 번째 사람이 술래보다 낮게 말했다면 세 번째 사람부터는 점점 음을 낮추며 "빵상!"을 외친다.
❹ 흐름을 제대로 타지 못하는 사람이 벌칙.

게임 Tip

✓ 술래보다 높거나 낮은 목소리로 외치는 것은 비교적 벌칙자가 빨리 나온다. 게임이 오래 진행되면 지루할 수 있으니 짧고 굵게 끝내는 것도 좋다.
✓ '빵상'을 어떻게 외칠지는 술래 다음 사람 마음. 즉 두 번째 사람이 게임의 키를 쥔 셈이다.

벌칙에 걸리지 않으려면?

- 점점 갈수록 어려워지니 먼저 하는 사람이 유리하다.

11. 인간 제로 게임

게임 방법

❶ 가위바위보로 술래를 정한 후, 술래는 모두를 향해 숫자를 외친다.
❷ 다른 사람들은 술래가 외치는 숫자를 듣고 자리에서 일어나거나 계속 앉아 있거나 두 동작 중 한 가지 동작을 한다.
❸ 술래가 외친 숫자와 일어선 사람의 숫자가 같다면 일어난 사람이 벌칙을 받는다. 만약 술래가 외친 숫자와 일어난 사람이 숫자가 다르다면 다음 차례의 사람이 새로운 숫자를 부르며 게임을 잇는다.
❹ '제로'를 불렀을 경우, 일어난 사람을 제외한 앉아 있는 사람들이 벌칙을 받는다.

게임 Tip

✓ 외치는 숫자는 게임에 참여한 인원수보다 적거나 같아야 한다.
✓ 손가락 제로 게임과 비슷한 게임으로, 손가락 대신 사람이 직접 일어난다.
✓ 일어나기 어려운 상황이라면 술잔이나 팔을 드는 것으로 대체한다.

벌칙에 걸리지 않으려면?

– 손가락 제로 게임처럼 술래에게는 '제로'가 가장 재미있다. 어수선한 분위기라면 언제든 불릴 수 있으니 술래의 입 모양을 주의해서 보자.

야근 & 퇴근 게임

게임 방법

❶ 다 함께 "야근할 사람 야근하고, 퇴근할 사람 퇴근하게~." 신나게 노래를 부른다.
❷ 노래가 끝나면 진행 방향으로 차례대로 한 명씩 '야근' 또는 '퇴근'을 선택해 외친다. 이때 '퇴근'을 선택한 사람은 손을 든다.
❸ '야근'과 '퇴근'을 선택한 사람의 수를 세어 적은 인원수의 사람들이 벌주를 마신다.
❹ '야근'과 '퇴근'을 늦게 외쳐도 벌주 당첨.

게임 Tip

✓ 같이 살거나 같이 죽는 복불복 게임으로, '야근'과 '퇴근'을 선택해야 하는 눈치 게임의 일종이다.
✓ 조별 게임으로 진행해도 재미있다. 두 조로 나눠 각 조원이 서로 번갈아가며 자리를 잡아 미리 야근과 퇴근 인원수를 정하거나 진행 상황을 보고 야근과 퇴근을 결정하는 등 전략적으로 대응할 수 있다.

벌칙에 걸리지 않으려면?

- 다른 게임과 달리 시작하는 사람은 불리하고, 끝에 있는 사람이 유리한 게임으로, 가능하면 끝자리를 선택한다.

같은 듯 다른 게임

"야근할 사람 야근하고, 퇴근할 사람 퇴근하게~." 노래가 끝나면 게임을 하는 모든 사람은 동시에 '야근하겠습니다.'와 '퇴근하겠습니다.' 중 하나를 외친 후 적은 인원수의 사람들이 벌주를 마신다.

13 동물 농장 게임

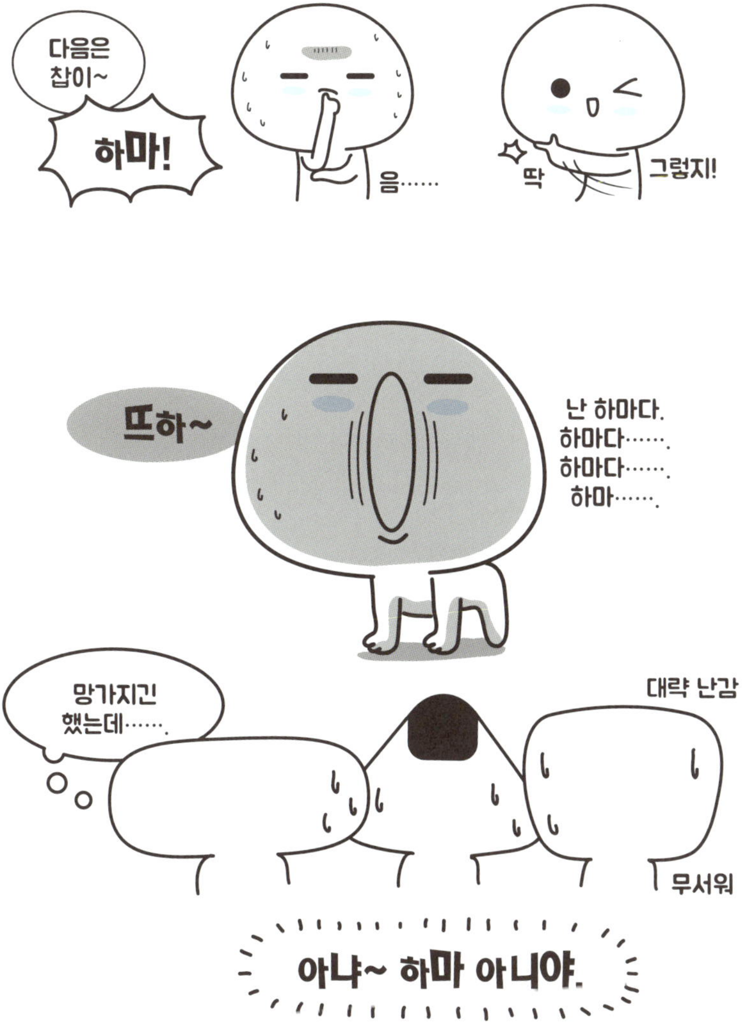

게임 방법

❶ 술래는 게임 진행 방향의 옆 사람을 향해 흉내 내야 할 동물 이름을 말한다.
❷ 옆 사람은 표정, 행동 등으로 술래가 요구한 동물의 흉내를 내어 다른 사람들에게 인정을 받아야 한다.
❸ 같은 방법으로 다시 옆 사람에게 흉내 내야 할 동물을 지목하고, 지목당한 사람은 최대한 비슷하게 그 동물을 흉내 내야 한다.
❹ 동물 흉내를 내지 못하거나 사람들에게 인정을 받지 못하면 그대로 벌칙.

 ## 게임 Tip

✓ 망가지면 망가질수록, 흉하면 흉할수록 게임 분위기는 업!

 ### 벌칙에 걸리지 않으려면?

- "부끄러움이 뭐예요?" 하는 마음가짐으로 흉내 내야 할 동물에 빙의하자. 최대한 웃기게 해서 다른 사람들의 호응을 받아야 내가 산다.
- 흉내 내기 어려운 동물(이구아나, 개코원숭이 등)을 지목하는 것도 능력.

14 해보기 게임

게임 방법

❶ 가위바위보를 해서 게임을 시작할 술래를 정한다.
❷ 술래는 주변에 있는 아무 물건을 집어 주변 사람들에게 보여 준다.
❸ 그러고는 "○○ 해보기"처럼 그 물건으로 할 수 있는 것을 말하고 행동으로 보여 준 후 자신의 술잔을 중앙에 둔다. 예를 들어 핸드폰을 집었다면 '들어 보기', '돌려 보기' 등을 이야기하면 된다.
❹ 다음 사람부터 핸드폰으로 할 수 있는 다양한 방법을 제시하면서 자신의 술잔을 중앙에 둔다.
❺ 앞사람과 같은 것을 이야기하거나 말문이 막히면 중앙에 모인 술을 모두 마시는 것으로 벌칙 수행.

 게임 Tip

✓ 접어 보기 게임이라고도 불린다.

 벌칙에 걸리지 않으려면?

- 앞 순서에서 하는 것이 가장 유리하다. 진행되면 될수록 내가 해야 할 범위가 작아진다.

15 공산당 게임

게임 방법

❶ 3·6·9 게임과 똑같은 리듬에 맞춰 "공산당~ 공산당~! 공산당~ 공산당~!" 노래를 부르며 분위기를 띄운다.
❷ 노래가 끝나면 술래는 양팔을 쭉 뻗으며 찬양하는 자세로 다른 한 사람을 지목하며 "동무!"를 외친다.
❸ "동무!"를 받으면 다른 사람에게 '동무'나 '마시라우'를 선택해 외칠 수 있지만, "마시라우!"를 받으면 잔에 담긴 술을 쭉 들이켠다.

게임 Tip

✓ 술잔을 빠르게 돌려 남은 술을 처리하기 좋은 게임이다.
✓ 술을 많이 마시지 않은 사람이나 유독 먹이고 싶은 사람 등 술 마실 사람이 정해지는 게임이므로 한 사람만 공략하면 지루해진다. 적당히 사람을 바꿔가며 진행한다.
✓ 이 게임의 묘미는 쿠데타를 일으킬 수 있다는 것이다. 처음 "동무!"를 외친 사람에게 "마시라우!"를 보내 술래를 벌칙에 걸리게 할 수 있다.

벌칙에 걸리지 않으려면?

- 특정 사람이 걸리게 하는 게임이므로, 특별히 눈에 띄지 않게 조용히, 나에게 차례가 오더라도 "동무!"를 외쳐 중립을 선택한다.

같은 듯 다른 게임

양 검지를 양쪽 이마 옆쪽에 대고 "전갈~ 전갈~!"을 외치다가 술래를 시작으로 양 검지, 중지 손가락을 세워 발톱 모양을 만들어 "슉!" 하며 한 명을 지목한다. 지목당한 사람이 무조건 벌칙 수행.

16 병뚜껑 쌓기 게임

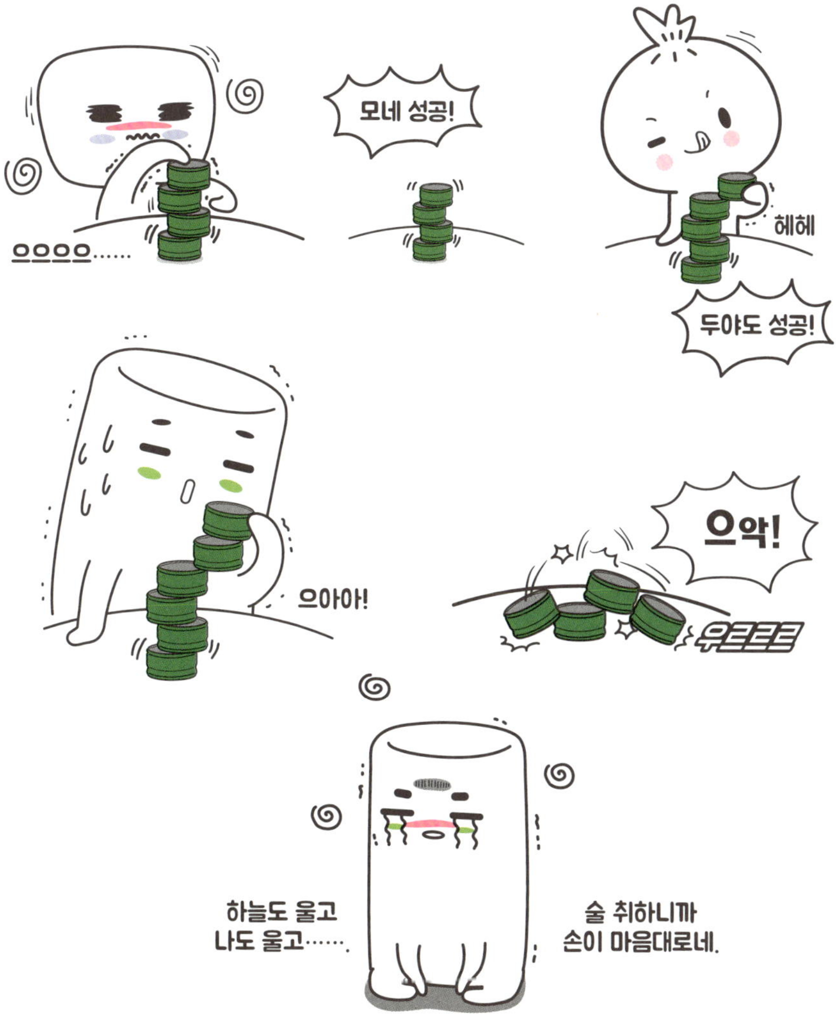

게임 방법

❶ 탑을 쌓을 정도로 소주 병뚜껑이 많이 모이면 게임을 시작한다.
❷ 가위바위보로 술래를 정한다.
❸ 술래부터 한 사람씩 돌아가며 마치 탑을 쌓듯 병뚜껑을 차근차근 쌓는다.
❹ 병뚜껑 탑을 쓰러뜨리는 사람이 바로 벌칙 수행.

게임 Tip

✓ 병뚜껑이 많아야 할 수 있는 게임이므로 사람이 많이 모이는 단체 회식에서 하면 좋다.
✓ 술이 어느 정도 많이 취해 손이 후들후들 떨릴 때 하면 더할 나위 없이 좋은 게임.

벌칙에 걸리지 않으려면?

- 병뚜껑을 쌓을 때 엇비슷하게 쌓든, 뚜껑의 방향을 바꾸든 상관없으니 적당한 타이밍에 요령껏 뚜껑의 위치를 조절해 일단 나부터 살자.

17 절대 음감 게임

게임 방법

❶ 술래는 다섯 글자 이내의 단어를 정해 한 단어씩 힘주어 말한다. 만약 "개구리다리"라고 외쳤다면 '**개**구리다리-개**구**리다리-개구**리**다리-개구리**다**리-개구리다**리**' 이렇게 한 글자씩 강조한다.
❷ 술래 다음 사람 역시 술래가 한 것처럼 한 단어씩 힘주어 말한다.
❸ 강조 단어 순서가 헷갈리거나 음이 틀린 사람이 벌칙.

게임 Tip

✓ '호빵찐빵대빵, 맥컬린컬킨, 경찰철 쇠창살' 등 발음하기 어려운 단어로 진행하면 발음이 꼬여 더욱 재미있다.
✓ 진행 속도를 높이면 더욱 흥미진진하다.

벌칙에 걸리지 않으려면?

- 나도 잘해야 하지만 틀리게 말하는 사람을 잘 찾아내야 한다. 웃다가 실수를 넘길 수가 있다.

무조건 먹기 게임

게임 방법

1. 테이블 중앙에 빈 잔을 두고, 그 주위로 동그랗게 각자의 술잔을 배치한다.
2. 술래부터 자신의 엄지손톱 위에 강냉이를 올려놓고 위로 튕긴다.
3. 떨어지는 강냉이가 들어간 잔의 주인이 벌주를 마신다.
4. 만약 가운데 빈 잔에 강냉이가 들어가면 술자리에 있는 모든 사람이 각자의 잔을 비운다.
5. 강냉이가 아무 잔에도 들어가지 않으면 다음 사람에게 술래를 넘긴다.

게임 Tip

- 술 먹이고 싶은 사람의 잔을 향해 강냉이를 발사할 수 있다. 단, 자주 하면 오히려 감정이 상할 수 있으니 조심.
- 강냉이가 없다면 팝콘, 땅콩 등 작고 가벼운 것으로 대체해도 된다. 단, 술잔에 들어가도 먹을 수 있는 것이어야 한다.

벌칙에 걸리지 않으려면?

- 한 명만 공략하면 오히려 내가 제물이 될 수 있으니 조심한다.
- 엄지손가락의 힘을 조절해 강냉이가 떨어지는 방향을 조절한다.

19 핑거스 게임

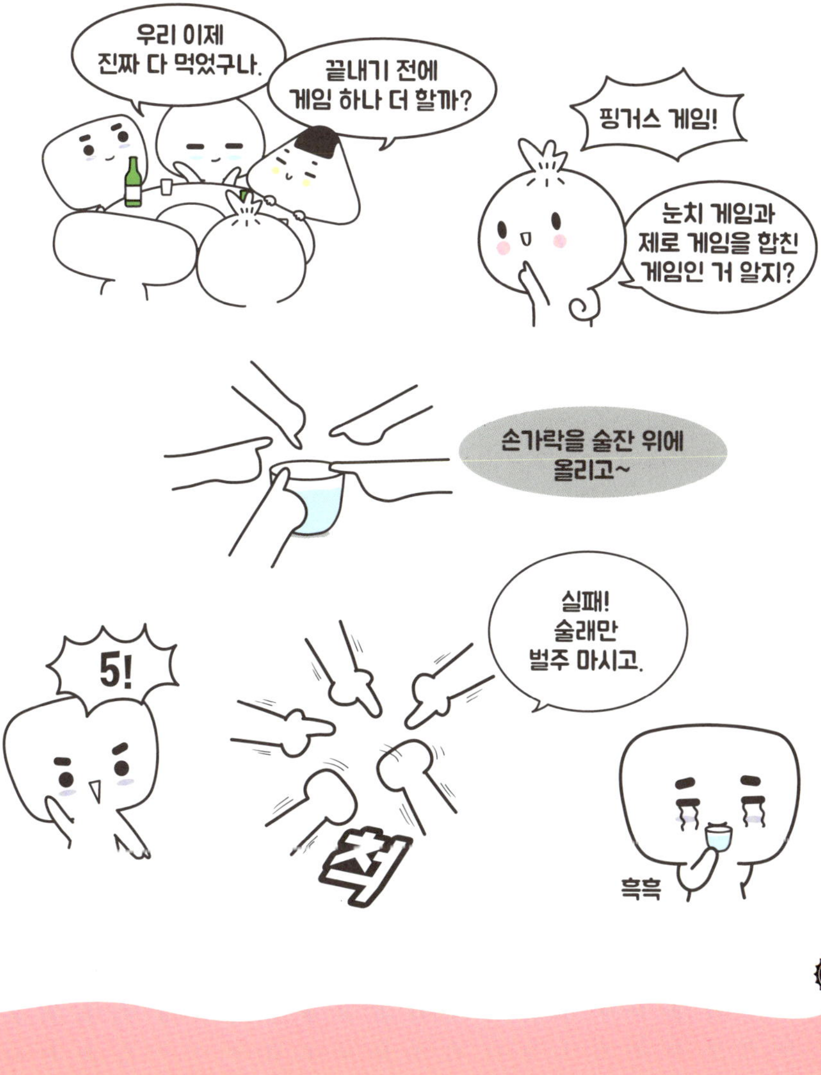

게임 방법

❶ 테이블 중앙에 술이 담긴 잔을 준비하고, 술자리에 있는 모든 사람은 중앙의 술잔 위에 검지를 올려놓는다.
❷ 술래가 "하나, 둘, 셋!"을 외치며 임의의 숫자를 부르는 동시에 모든 사람은 술잔 위에 손가락을 그대로 두거나 주먹을 쥔다.
❸ 술래가 외친 숫자와 손가락의 개수가 같으면 손가락을 올려둔 사람들이 벌주를 마신다.
❹ 만약 "제로!"라고 외쳤다면 주먹 쥐고 있는 사람이 술을 마신다. 만약 모두 손가락을 올려놓았다면 술래가 벌주를 마신다.
❺ 술래가 외친 숫자와 손가락 개수가 다르면 술래가 벌주를 마신다.

 게임 Tip

✓ 눈치 게임과 제로 게임을 합친 게임.
✓ 부르는 최대의 숫자는 술자리에 있는 인원수이다.

 벌칙에 걸리지 않으려면?

- 불리는 숫자와 손가락의 개수를 잘 헤아리는 빠른 눈치기 필요하다.

20. 산 넘어 산 게임

게임 방법

❶ 다 함께 "산 넘어 산~, 산 넘어 산!"을 외치며 양손으로 산 모양을 만든다.
❷ 노래가 끝나면 술래는 머리를 만지거나 만세를 부르는 등 한 가지 행동을 한다.
❸ 다음 사람은 술래의 행동을 받은 후 자신의 행동을 한다. 만약 술래가 만세를 불렀다면 다음 사람은 만세를 부르고, 코를 만진다.
❹ 정해진 방향대로 돌아가면서 술래가 했던 행동부터 순서대로 나온 행동을 하고, 거기에 자신의 행동을 덧붙여 게임을 진행한다.
❺ 앞선 행동을 기억하지 못해 멍~ 해지는 사람이 벌칙.

게임 Tip

✓ 재미있는 동작을 해야 마구 웃음이 터져 분위기가 좋아진다.

벌칙에 걸리지 않으려면?

- 창피한 행동이나 더러운 행동 등 따라 하기 어려운 행동을 하면 나는 비록 창피하지만 벌칙에는 안 걸린다.
- 술을 마신 상태에서 많은 동작을 기억하기 어렵기 때문에 가능하면 아예 앞 순서에 앉거나 아예 끝부분에 앉아 게임을 한다.

술자리, 피할 수 없다면 즐겨라!

술자리를 더욱 술자리답게
앗싸! 술자리

한창 무르익은 술자리, 먼저 일어나는 사람이 있다면 어떨까요? 기분 좋게 보내 주기보다는 "벌써 가? 혼자만 살겠다고?" 혹은 "뭐야, 분위기 깨잖아." 하며 핀잔을 주기도 하지요. "오늘은 끝까지 간다."고 마음먹었다면 술자리다운 술자리를 즐기는 방법을 알아 두세요.

❶ 술보다는 밥을 먼저

흔히들 안주로 배를 채우면 된다고 생각하지만, 술이 들어간 후의 안주는 요기가 될 수 없어요. 술 마시기 전에 미리 밥을 먹어 위를 채워놓아야 신나고 즐거운 술자리가 될 수 있어요.

❷ 약한 술로 시작해서 점차 독한 술로

다음날 숙취로 고생하고 싶지 않다면 약한 술로 시작해서 점차 독한 술로 가야 해요. 마지막에 맥주로 입가심하는 것은 숙취를 불러들이는 것임을 명심하세요.
또한 섞어 먹지 않는 것이 좋아요. 미리 숙취 해소제를 챙기는 센스, 잊지 마세요.

❸ 많이 움직이는 만큼 술자리는 오래오래

한자리에 앉아서 술을 마시면 내가 어느 정도 술을 마셨는지 알 수 없어요. 화장실을 가든 바깥 공기를 쐬든 많이 움직여야 술이 깨요.
노래방에 가는 것도 좋아요. 탬버린을 흔들며 몸을 많이 움직일수록 분위기도 살고 내 몸도 산다는 것, 잊지 마세요.

술자리 예절 Vol. 1

지킬 건 지키자!

술자리는 언제나 즐거워야 해요. 어떻게 즐기느냐에 따라 술자리 분위기도 달라지고, 사람들과의 관계도 달라지잖아요. 중요한 술자리 예절을 알아볼까요?

술을 권할 때는 아랫사람이 윗사람에게 먼저

술을 따르는 순서가 있다는 거, 아세요? 아랫사람이 먼저 윗사람에게, 지위가 낮은 사람이 높은 사람에게 술을 권해야 해요. 편한 대로 내 옆에 앉은 사람부터, 친한 사람부터 술을 권하는 실수를 범하지 않도록 조심 또 조심.

술자리 도중 빈 잔을 채우는 것도 센스. 주위 사람들의 잔을 수시로 보면서 잔이 비었을 때 눈치껏 잔을 채우면 술자리에서 돋보이는 사람이 될 수 있어요.

술을 따를 때도 두 손, 받을 때도 두 손

상대방과의 첫 술자리이든 아니든, 상대방이 나보다 나이가 어리든 아니든 기본적으로 예의를 지켜야 해요. 나보다 어리다고 한 손으로 술을 따르고, 받는 것은 절대 금물.

술을 따를 때는 오른손으로 병의 목 부분을 잡고, 왼손으로 병 밑 부분을 받치며 술을 따라야 해요.

술잔을 받을 때는 잔을 받치고, "감사합니다."처럼 가벼운 목 인사 정도로 고마움을 표시하면 좋아요.

술을 마실 때는 윗사람이나 지위가 높은 사람이 먼저 마신 후 내 잔을 비워야 해요. 이때 살짝 상체를 옆으로 돌리거나 술잔을 가리며 마시고, 첫 잔은 깔끔하게 비우는 것이 좋아요.

술을 따를 때는 술잔의 3/4 정도까지만

술을 따를 때 술잔을 꽉 채우면 받는 사람은 "이거 먹고 오늘 죽으라고?" 오해할 수 있어요.

술을 따를 때는 술잔의 3/4 정도, 혹은 70~80% 정도로 잔을 채워야 해요. 술을 많이 따르면 건배할 때 술이 넘칠 수 있으니 조심하세요. 술은 기분 좋게 마셔야 하니까요.

우리 모두 다 함께 짠!

술자리에서 건배가 빠질 수 없겠죠? 서로의 술잔을 부딪치며 짠! 하고 건배할 때는 연장자보다, 지위가 높은 사람보다 잔을 낮춰 건배해야 해요.

사소하지만 중요한 예절을 지켜 술자리 인기인이 되어 보세요.

술자리 예절 Vol. 2

이런 모습만은 안 돼요!

술로 인해 사람들과 친해질 수 있지만, 오히려 그로 인해 사람들과 멀어질 수도 있어요. 내가 모르는 술자리가 있으면 슬프잖아요.
함께 술자리 하기에 부담스러운 사람이 있어요. 혹시라도 내게 해당하는 내용은 없지는 확인한 다음, 만약 내 모습이 보인다면 깊이 반성하고, 술자리에서의 새로운 내가 될 수 있도록 노력하세요.

자꾸 눈물이 나, 엉엉

웃기만 해도 모자란 술자리에서 자꾸 우는 사람이 있어요. 다른 사람들은 모두 신나게, 즐겁게 술을 마시는데 혼자 서럽게 울면서 속상한 이야기를 풀어낸다면 분위기가 엉망이 되는 건 당연하겠죠.
어떤 이유에서든 즐거운 술자리에서는 절대 울지 말 것!

했던 이야기 또 하고, 또 하고

많은 이야기가 오가는 술자리, 그런데 누군가가 술에 취해 자꾸 했던 이야기를 또 하고, 또 한다면 어떨까요?
좋은 이야기도 한두 번이지요. 아무리 재미있는 이야기라도 반복되면 지루해요. 모두 함께할 수 있는 이야기로 즐거운 술자리를 만들어요.

마셔, 마셔! 부어라, 마셔라!

술자리에는 권함의 미덕이 있어요. 하지만 기분 좋을 정도로만 권해야 즐거운 술자리가 될 수 있어요.

상대방의 주량이 상관없이 무조건 마시기를 권하고, 마시지 않으면 마실 때까지 떼쓰기보다는 함께 있는 것만으로도 즐거운 술자리가 되도록 해요.

여긴 어디? 나는 누구?

술은 주량에 맞게 마셔야 해요. 분위기에 휩쓸려 주량을 넘어 인사불성이 되면 안 되잖아요. 특히 상사나 선배 등 윗사람과 함께 하는 술자리에서의 실수는 만회하기 어려워요.

분위기는 즐기되, 적당한 긴장감으로 자신의 주량을 넘지 않는 선에서 웃으며 마무리해야 다음에도, 그다음에도 함께 술 한잔하고 싶은 사람이 될 수 있어요.

나 왕따 아니에요

술자리에서 혼자 딴생각을 하거나 어울리지 않고 다른 행동을 하는 사람이 있어요. 불편하거나 재미없다고 해서 어울리지 않으면 대놓고 "나 왕따에요." 광고하는 셈. 오늘 술자리가 마지막 술자리가 되고 싶지 않다면 홀로 딴 생각하는 모습은 절대 보이지 말아요.

술자리를 빛낼 건배사

술자리에서 빠질 수 없는 것이 건배사이지요. 친구들과의 허물없이 편안한 술자리, 상사를 모시고 하는 회식, 연말모임 등 여러 술자리에서 분위기에 맞는 센스 있는 건배사로, 술자리 주인공이 되어 보세요.

잘 보여야 하는 회식 자리에서!

- ♥**여기저기**   여기 계신 분들의 기쁨이 저희 기쁨입니다
- ♥**사화만사성**   회사가 잘 되어야 모든 일이 잘 풀린다
- ♥**고감사**   고생하셨습니다. 감사합니다. 사랑합니다
- ♥**올보기**   올해에도 보람 있고 기분 좋게 지냅시다
- ♥**앗쌔! 가오리**   가슴속에 오래 기억되는 리더가 되자
- ♥**초가집**   초지일관 가자 집으로, 2차는 없다
- ♥**나가자**   나라와 가정, 그리고 자신의 발전을 위하여
- ♥**빠삐용**   빠지지 말고, 삐지지 말고, 용서하며 살자
- ♥**재개발**   재미있고 개성 있게 발전적인 삶을 살자
- ♥**비행기**   비전을 갖고 행동으로 옮기면 기적을 낳는다
- ♥**마당발**   마주 앉은 당신의 발전을 위하여
- ♥**뚝배기**   뚝심 있게, 배짱 있게, 기운차게
- ♥**마무리**   마음먹은 것은 무엇이든 이루자
- ♥**지화자**   지금부터 화합하자
- ♥**미사일**   미래를 위해, 사랑을 위해, 일을 위해
- ♥**청바지**   청춘은 바로 지금부터
- ♥**변사또**   변함없는 사랑으로 내일 또 만납시다

익숙하고, 친근하고 허물없는 술자리에서!

- ♥**마취제** 마시고 취하는 게 제일이다
- ♥**상한가** 상심하지 말고, 한탄하지 말고 가슴을 펴자
- ♥**사이다** 사랑합니다, 이 생명을 다 바쳐
- ♥**거시기** 거절하지 말고 시키는 대로 기쁘게 먹자
- ♥**사우나** 사랑과 우정을 나누자
- ♥**무조건** 무척 힘들어도 조금만 참고 건승을 빌자
- ♥**풀풀풀** 원더풀, 뷰티풀, 파워풀
- ♥**스마일** 스스로 웃고, 마주 보며, 일부러 웃자
- ♥**우하하하** 우리는 하늘 위해, 하늘 아래 하나다
- ♥**원더걸스** 원하는 만큼, 더도 말도 걸러서 스스로 마시자
- ♥**새내기** 새내기를 내 새끼처럼 기르자
- ♥**사우디** 사나이 우정 디질 때까지
- ♥**우배디** 우정을 배신하면 디진다
- ♥**마돈나** 마시고 돈 내고 나가자
- ♥**너 나 잘해** 너와 나의 잘나가는 새해를 위하여
- ♥**모바일** 모든 것이 바라는 대로 일어나길
- ♥**오징어** 오랫동안 징그럽게 어울리자
- ♥**멘붕** 맨날 붕붕 뜹시다
- ♥**마징가** 마시자! 징하게 가버릴 때까지
- ♥**니나노** 니랑 나랑 노래하고 춤추자
- ♥**이기자** 이런 기회 자주 갖자
- ♥**소주** 소중한 만남을 술(주)로 시작하자

사천만이 좋아하는 술자리 게임

"언제까지 어깨춤을 추게 할 거야"

초판 발행 2017년 2월 27일 | **초판 인쇄** 2017년 2월 20일

글 파란정원콘텐츠연구소 | **그림** 한날

펴낸이 정태선
기획·편집 안경란·정애영 | **디자인** 한민혜
펴낸곳 새.를.기.다.리.는.숲 (자매사 파란정원) | **출판등록** 제395-2010-000070호
주소 서울시 서대문구 모래내로 464 2층(홍제동) | **전화** 02-6925-1628 | **팩스** 02-723-1629
홈페이지 www.bluegarden.kr | **전자우편** eatingbooks@naver.com
종이 세종페이퍼 | **인쇄** 조일문화인쇄사 | **제본** 동양실업
ISBN 979-11-5868-107-4   13690

이 책은 저작권법에 따라 보호받는 저작물이므로 무단 전재와 무단 복제를 금지하며,
이 책 내용의 전부 또는 일부를 이용하려면 반드시 저작권자와 새.를.기.다.리.는.숲(자매사 파란정원)의 동의를 얻어야 합니다.
*잘못된 책은 구입하신 서점에서 바꿔 드립니다.